PROVERBES DRAMATIQUES.

TOME QUATRIEME.

PROVERBES DRAMATIQUES.

TOME QUATRIEME.

A PARIS,

Chez **LEJAY**, Libraire, rue Saint-Jacques,
au Grand Corneille.

M. DCC. LXXIV.

Avec Approbation, & Privilege du Roi.

TABLE

DES PROVERBES

Contenus dans ce quatrième Volume.

Tome IV. A

L'ECRIVAIN

DES

CHARNIERS,

QUARANTE-HUITIEME PROVERBE.

PERSONNAGES.

Mad. DE L'AIGUILLE , *Marchande Lingere. En robe rayée , relevée dans les poches ,
tablier à carreaux bleus , & grand bonnet.*

Mlle JANNETON , *sa Fille. Robe d'Indienne , relevée dans les poches , tablier à
carreaux rouges , petit bonnet.*

M. DUBOIS , *Débitant de Tabac. Habit brun ,
veste noire , jarretieres noires , vieille perruque
à la Brigadiere , canne sous le bras.*

M. DUBOIS , *le Fils , Commis des Barrieres.
Habit gris , veste rouge , avec un petit bord
d'or , jarretieres rouges , chapeau bordé sur la
téte , épée basse.*

M. DISCRET , *Ecrivain des Charniers. Habit gris , veste noire , perruque ronde , chapeau uni sur la téte.*

NICOLAS , *Commissionnaire. Mauvaise veste ,
sur un gillet sale ; bonnet rouge , cheveux
plats , guétres.*

La Scène est sous les Charniers des Innocens.

L'ECRIVAIN
DES
CHARNIERS,
PROVERBE.

La Scène repréſente les Charniers des Innocens. A droite, eſt la Boutique de Madame de l'Aiguille, Marchande Lingere ; & à gauche, un tonneau, qui ſert de Bureau à M. Diſcret, Ecrivain.

SCENE PREMIERE.

Mlle JANNETON, M. DUBOIS.

M. DUBOIS.

Mais, Mademoiſelle, ſi vous me faites

l'honneur de m'aimer véritablement, comme vous le dites , pourquoi vous affl.gez-vous ?

Mlle JANNETON.

Ah ! M. Dubois , ſi vous ſaviez !....

M. DUBOIS.

Comment! ne me trouvez-vous pas un aſ-ſez bon parti ? Ma place de Commis de la Barriere me vaut, pourtant , ſix cents francs par an.

Mlle JANNETON.

Je le ſais bien ; mais ma chere mere ne vous connoît pas.

M. DUBOIS.

Ce n'eſt pas ma faute ; & ſi vous le vouliez, elle me connoîtroit bientôt.

Mlle JANNETON.

Si j'étois ſûre qu'elle put penſer comme moi, Monſieur, vous n'auriez rien à craindre.

M. DUBOIS.

Comment, rien à craindre ? Croyez-vous que je puiſſe avoir peur ? vous ne me con-noiſſez pas. Vous me faites trembler, Ma-demoiſelle Janneton.

Mlle JANNETON.

Mais , par exemple, ſi elle vouloit me marier à un autre qu'à vous.

M. DUBOIS.

Ah, cela devient différent ; mais j'ai ne le crois pas.

Mlle JANNETON.

Cela n'eſt pourtant que trop vrai.

M. DUBOIS.

Comment ?

Mlle JANNETON.

Je ne ſais ſi vous connoiſſez M. Diſcret, l'Écrivain, qui demeure là, vis-à-vis de chez nous ?

M. DUBOIS.

Je ne l'ai jamais vu.

Mlle JANNETON.

Eh bien ! c'eſt à lui que ma chere mere veut me marier.

M. DUBOIS.

A lui ? & l'aimez-vous ?

Mlle JANNETON.

Si je l'aimois, je ne vous aimerois pas.

M. DUBOIS.

Ah ! c'eſt vrai ; comment ferons-nous ?

Mlle JANNETON.

Je n'en ſais rien ; car ma chere mere lui a donné ſa parole, & il y compte, & voilà pourquoi je vous ai prié de me venir voir , pendant qu'elle eſt ſortie.

M. DUBOIS.

Et Monſieur Diſcret, eſt-il un homme d'eſprit ?

Mlle JANNETON.

Mais je crois que oui ; car c'eſt lui qui fait tous nos mémoires. Il écrit tout couramment des lettres pour tout le monde ; & il eſt très-malin.

M. DUBOIS, *rêvant.*

Il écrit des lettres ? Attendez , je ſerai auſſi malin que lui ; laiſſez-moi faire ; dans peu vous entendrez parler de moi , & vous verrez ce qui en ſera , puiſqu'il écrit des lettres. Je ſuis un homme.... Enfin, je ne vous en dis pas davantage.

Mlle JANNETON.

Ah ! je vous en prie, mon cher Monſieur Dubois, dites-moi ce que vous ferez.

M. DUBOIS.

Je n'ai rien à vous refuſer ; mais je n'ai pas le temps de vous l'expliquer. Songez ſeulement à dire à votre chere mere , que M. Diſcret vous à fait une infidélité ; & ne vous embarraſſez pas du reſte.

Mlle JANNETON.

Si vous m'aimiez bien, vous n'auriez pas de fecret pour moi; & j'ai envie de me fâcher.

M. DUBOIS.

A quoi cela fervira-t-il ! Écoutez plutôt ce que j'ai encore à vous dire.

Mlle JANNETON.

Eh bien ! qu'eft-ce que c'eft ?

M. DUBOIS.

J'ai dit à mon pere, qui a un débit de tabac, auprès des Quinze-vingts, que j'ai grande envie de me marier avec vous; & comme c'eft le meilleur homme du monde, il doit venir aujourd'hui ici marchander une paire de chauffons, pour voir fi vous êtes auffi jolie que je lui ai dit. Il m'a dit qu'il avoit été à la nôce de Madame votre mere, & il a envie de renouveller la connoiffance, felon ce qui en fera ; & ce feroit un bon acheminement à notre mariage.

Mlle JANNETON.

C'eft très-bien penfé; mais qu'eft-ce que vous ne voulez pas me dire ?

M. DUBOIS.

Ah ! vous en revenez toujours à vos mou-
tons ; & il faut que je m'en aille.

Mlle JANNETON.

Eh bien ! Monſieur, allez-vous-en & ne
revenez jamais.

M. DUBOIS.

Quoi ! vous vous fâchez tout de bon. ? Allons, embraſſez-moi, pour faire la paix. (*Il
veut l'embraſſer.*)

Mlle JANNETON, *ſe débattant.*

Non, Monſieur, non, je ne le veux pas ;
finiſſez donc, vous allez faire tomber mon
ouvrage. (*Il tombe.*) Bon, le voilà à terre.
Il va être tout crotté.

M. DUBOIS.

Ah ! ne vous fâchez pas, cela ſe ſéchera.
(*Il lui rend ſon ouvrage.*) Adieu, Mademoiſelle, je ſuis votre très-humble ſerviteur.

Mlle JANNETON.

Revenez bientôt.

M. DUBOIS.

Oui, oui, ne vous embarraſſez pas.

Mlle JANNETON.

Allez-vous-en vîte ; car je vois revenir ma
chere mere.

M. DUBOIS.

Adieu donc.

Mlle JANNETON.

Adieu, adieu.

SCENE II.

Mad. DE L'AIGUILLE, Mlle. JAN-
NETON, *pleure en travaillant.*

Mad. DE L'AIGUILLE.

EH bien ! qu'eſt-ce que tu as à pleurer ?
Tenez, voyez à dix-ſept ans, ſi on peut être
comme cela.

Mlle JANNETON.

Mais, ma chere mere, quand vous ſaurez
à l'occaſion de quoi je pleure, je crois que
vous penſerez comme moi.

Mad. DE L'AIGUILLE.

Effectivement, je pleurerai auſſi, moi : ah !
oui, tu vas voir. Allons, allons, laiſſe-moi
paſſer à ma place, grande nigaude. (*Mlle Janneton ſe leve, ſa mere paſſe, & elles s'aſ-
ſèyent toutes les deux.*) Donne-moi un peu
cette terrine, que j'épluche nos féves.

Mlle JANNETON.

Tenez, la voilà.

Mad. DE L'AIGUILLE.

Et le fac aux féves? (*Mlle Janneton le lui donne, & elle épluche des féves.*) Ah! ça! finis de pleurer, ma chere, comme cela; car tout cela m'ennuie.

Mlle JANNETON.

Mais, ma chere mere, écoutez donc la raifon de cela.

Mad. DE L'AIGUILLE.

Allons, voyons qu'eft-ce qu'elle va dire.

Mlle JANNETON.

Si vous vous fâchez....

Mad. DE L'AIGUILLE.

Que je me fâche, ou non, ce n'eft pas ton affaire. Tais-toi & parle.

Mlle JANNETON.

Vous favez bien que vous m'avez accordé en mariage à M. Difcret.

Mad. DE L'AIGUILLE.

Oui, parce que c'eft un honnête homme & qui me convient: eft-ce que tu n'en veux plus? En voici bien d'une autre! Bon gré, malgré, tu l'épouferas, premierement & d'un, voilà qui est fini , je n'écoute plus rien.

Mlle JANNETON.

Mais je ne dis pas que je ne l'aime plus.

Mad. DE L'AIGUILLE.

Et qu'est-ce que tu dis donc? Il faut parler,
au lieu de pleurer.

Mlle JANNETON.

Je dis que j'ai bien peur de ne pas être sa
femme.

Mad. DE L'AIGUILLE.

Et pourquoi cela ?

Mlle JANNETON.

Parce que.... (*Elle pleure.*)

Mad. DE L'AIGUILLE.

Eh bien ?

Mlle JANNETON.

Je n'oserois vous le dire.

Mad. DE L'AIGUILLE.

Mais , s'il faut que je le sache , je ne peux
pas le deviner.

Mlle JANNETON.

Dame ! c'est qu'on m'a dit qu'il étoit devenu amoureux d'une autre, & qu'il vouloir
me faire une infidélité.

Mad. DE L'AIGUILLE.

Ah ! je ne crois pas celui-là : il peut te faire toutes les infidélités qu'il voudra ; mais il faudra bien qu'il t'époufe. Je n'entendrai pas raillerie là-deffus : un honnête-homme n'a que fa parole.

Mlle JANNETON.

Mais s'il eft infidele ?

Mad. DE L'AIGUILLE.

A préfent, cela ne fait rien ; mais quand tu feras fa femme, je le ferai bien charier droit. Eft-ce que ton pere ne vouloit pas faire comme cela, au bout d'un an de mariage ? Ah! pardi ! il ne s'y eft pas frotté deux fois; il te le diroit bien, s'il n'étoit pas mort, le pauvre défunt !

Mlle JANNETON.

Oui; mais, fi Monfieur Difcret en aime une autre, il ne voudra plus de moi. Il n'a pas paru encore à fa place d'aujourd'hui.

Mad. DE L'AIGUILLE.

Oh ! mais c'eft Lundi, il faut de la raifon par-tout. Laiffe-le venir, je lui parlerai, moi, il faudra bien qu'il réponde.

Mlle JANNETON.

Ah ! ma chere mere, ne lui dites rien encore. Il faut attendre, & favoir fi tout cela
eft bien vrai.

Mad. DE L'AIGUILLE.

Voilà encore un joli fujet, pour être amoureux d'une autre que de ma fille.

Mlle JANNETON.

Nous verrons comment il fe conduira.

Mad. DE L'AIGUILLE.

Je veux bien ne lui pas parler ; mais c'eft
que s'il me fait une fois monter la moutarde
au nez....

Mlle JANNETON.

Il ne faut pas vous emporter.

Mad. DE L'AIGUILLE.

Oh ! je ne m'emporte pas ; va, va, laiffe-
moi faire, je fais comme il faut s'y prendre
avec les hommes ; tu n'as qu'à faire comme
moi. Ne lui difons rien ni l'une ni l'autre,
il fera bien embarraffé.

Mlle JANNETON,

C'eft très-bien dit. Mais voilà un Monfieur
qui cherche quelque chofe, il regarde bien
notre enfeigne. (*A part.*) Je crois que c'eft
le pere de M. Dubois.

SCENE III.

Mad. DE L'AIGUILLE , Mlle JAN-
NETON , M. DUBOIS , pere.

Mad. DE L'AIGUILLE.

MONSIEUR, y a-t-il quelque chofe pour votre fervice, de la toile, des manchettes ? C'eft ici.

M. DUBOIS, pere.

Madame, je vous demande bien pardon, j'ai oublié mes lunettes ; &....

Mad. DE L'AIGUILLE.

Monfieur , nous ne vendons pas de lunettes.

M. DUBOIS, pere.

Je le fais bien , Madame ; mais c'eft que je ne peux pas lire l'enfeigne d'un quelqu'un que je cherche.

Mlle JANNETON.

Qu'eft-ce que c'eft , Monfieur ?

M. DUBOIS, pere.

C'eft celle de Madame de l'Aiguille.

Mad. DE L'AIGUILLE.

Vous y êtes, Monfieur , c'eft moi-même.

M.

M. DUBOIS, pere.

Ah ! Madame, je fuis bien votre ferviteur

Mad. DE L'AIGUILLE.

Janneton, donne donc un tabouret à Monfieur.

M. DUBOIS, pere.

En voilà un, Mademoifelle, ne vous déran-
gez pas. Et puis je ferois bien refté debout,
fur-tout, autrefois; par ce que je fuis accoutumé
à tout. (*Il s'affied.*) Madame ; c'eft que je
voudrois bien acheter une ou deux paires de
chauffons ; c'eft felon le prix que vous me
les ferez payer

Mad. DE L'AIGUILLE.

Monfieur, fi vous voulez du bon, il ne
faut pas épargner; voulez-vous quelque chofe
de réfiftance ?

M. DUBOIS, pere.

Oui, je veux du meilleur.

Mad. DE L'AIGUILLE.

Janneton, donne à Monfieur de ceux mar-
qués *N.*

Mlle JANNETON, *donnant un paquet.*
Les voilà juftement.

Tome IV. B

Mad. DE L'AIGUILLE.

Tenez, Monsieur, voilà ce qu'il vous faut.

M. DUBOIS, pere.

Seront-ils assez grands ? car j'ai des cors à tous les doigts des pieds.

Mad. DE L'AIGUILLE.

Ç'est-là ce que nous vendons dans ce cas-là.

M. DUBOIS, pere.

Et cela vaut, en conscience ?...

Mad. DE L'AIGUILLE.

Dix sols la paire ; mais je ne veux pas gagner avec vous, je vous la donnerai à neuf sols.

M. DUBOIS, pere.

C'est le dernier mot ?

Mlle JANNETON.

Ah ! ma chere mere, ne pourriez-vous pas les donner à Monsieur à huit sols ?

Mad. DE L'AIGUILLE.

Je le veux bien ; mais je n'y gagnerai rien.

M. DUBOIS, pere.

Je m'en vais donc vous donner vingt-quatre sols , & vous me rendrez. (*Il donne vingt-quatre sols.*)

Mad. DE L'AIGUILLE.

Prenez-en encore une paire, cela fera un compte rond.

M. DUBOIS, pere.

Allons, je le veux bien, en faveur de l'ancienne connoiſſance. Vous ne me remettez pas, Madame de l'Aiguille ?

Mad. DE L'AIGUILLE.

Pardonnez-moi : je me ſouviens....

M. DUBOIS, pere.

Vous ſouvenez-vous que c'eſt moi qui vous avois enlevée le jour de votre nôce ?

Mad. DE L'AIGUILLE.

Quoi ! c'eſt vous qui vous nommiez.... J'oublie toujours les noms....

M. DUBOIS, pere.

La Fleur : j'étois dans ce temps-là chez M. l'Argentier, Fermier-général.

Mad. DE L'AIGUILLE.

Juſtement.

M. DUBOIS, pere.

Oui, c'eſt lui qui m'a fait avoir un débit de tabac, auprès des Quinze-vingts ; & je m'appelle Dubois à préſent.

Mad. DE L'AIGUILLE.

Je m'en souviens, oui, il y a long-temps, dont vous parlez-là.

M. DUBOIS, pere.

Ah ! cela ne fait rien ; vous êtes toujours tout de même. Est-ce là Mademoiselle votre fille ?

Mad. DE L'AIGUILLE.

Oui vraiment : mauvaise herbe croît toujours, comme vous savez.

M. DUBOIS, pere.

L'on voit bien que vous êtes sa mere. Et notre ami de l'Aiguille, comment se porte-t-il ?

Mad DE L'AIGUILLE.

Ah ! le pauvre homme ! il y a six ans qu'il est mort.

M. DUBOIS, pere.

Quoi ! M. l'Aiguille est mort ?

Mad. DE L'AIGUILLE.

Oui, vraiment ; vous savez qu'il aimoit un peu à boire.

M. DUBOIS, pere.

C'est vrai.

Mad. DE L'AIGUILLE.

Ah ! que trop ; un jour de la S. Martin, bon jour, bonne œuvre, eſt-ce que la rouë d'un fiacre ne lui a pas paſſé ſur les deux jambes ; qu'il ne s'en eſt pas relevé. J'ai cru que je le garderois toujours comme cela ; enfin Dieu me l'a ôté ; il a bien fallu ſe faire une raiſon. Il ne m'a laiſſé que Janneton, que vous voyez là.

M. DUBOIS, pere.

Eh bien ! je ſuis ſûr qu'elle fait votre conſolation ; car elle a l'air bien raiſonnable.

Mad. DE L'AIGUILLE.

Ah ! comme cela. (*M. Dubois ſe leve.*)

SCENE IV.

Mad. DE L'AIGUILLE, Mlle JANNETON, M. DUBOIS, pere, M. DISCRET, *ſe mettant à ſon Bureau*, M. DUBOIS, fils, *paſſant & montrant à Mlle Janneton, que c'eſt ſon pere qui eſt chez elle, & qu'il va aller trouver M. Diſcret.*

M. DUBOIS, pere.

Ah ! ça ! il ſe fait tard, & il eſt temps d'aller manger la ſoupe.

Mad. DE L'AIGUILLE.

Si vous vouliez accepter la fortune du pot ? c'est de bon cœur.

M. DUBOIS, pere.

Une autre fois, je viendrai vous revoir. Adieu, Madame ; adieu, Mademoiselle, je suis bien votre serviteur.

Mad. DE L'AIGUILLE.

Adieu, Monsieur, ne nous oubliez pas, sur-tout, quand il vous faudra quelque chose.

M. DUBOIS, pere.

Non, non, Madame, vous y pouvez compter ; je vous salue. (*Il s'en va.*)

Mlle JANNETON.

Il est bien poli, ce Monsieur-là.

Mad. DE L'AIGUILLE.

Oui, oui, allons-nous-en dîner. Voilà M. Discret, ne le regardons pas. (*Elles vont dîner.*)

SCENE V.

M. DISCRET, *taillant des plumes.*

Madame de l'Aiguille ne me regarde pas, non plus que Mlle Janneton ; est-ce qu'elles feroient fâchées contre moi? Qu'eft-ce que cela veut dire? C'eft, peut-être, parce que je n'ai pas fait le mémoire qu'elle m'a demandé, pour tout ce qu'elle a vendu à ce Chaircuitier de la Croix Rouge. Dame, fi elle eft fâchée, elle fe défâchera; elle n'aura que deux peines; mais, Mademoifelle Janneton, qu'eft-ce qu'elle peut avoir contre moi? C'eft, peut-être, à caufe de fa mere.

SCENE VI.

M. DISCRET, M. DUBOIS, fils,
la main droite en écharpe.

M. DUBOIS, fils.

Monsieur, je fuis bien votre ferviteur: auriez-vous le temps de m'écrire une lettre, tout-à-l'heure?

M. DISCRET.

Oui, Monfieur, vous n'avez qu'à dire; tout ce qui eft preffé, avec moi, a toujours la préférence. Voulez-vous bien vous donner la peine de vous affeoir?

M. DUBOIS, fils, *s'asseyant.*

Ce n'est pas que je ne sache écrire, au moins ; mais c'est qu'il m'est venu un mal d'aventure au pouce, qui me fait un mal de chien, de façon que je n'en peux rien faire, ni le jour ni la nuit ; j'ai la main grosse comme votre tête.

M. DISCRET.

Ah bien ! je vous donnerai un remede, qui vous emportera cela, comme avec un rasoir, & sans douleur.

M. DUBOIS, fils.

Après la lettre. Voici, Monsieur, dequoi il retourne. Je suis amoureux d'une Demoiselle, & je voulois l'épouser ; mais elle me fiche malheur, depuis quelques jours, ainsi que sa mere : cela me déplaît à moi ; parce que je suis un gaillard, qu'il ne faut pas me dire, en deux fois, une même chose. Voilà la lettre qu'elle m'a écrite ce matin, à quoi je veux faire une réponse un peu salée, là ; vous m'entendez bien.

M. DISCRET.

Laissez, laissez-moi faire, vous serez content. Mais voyons la lettre.

M. DUBOIS, fils.

La voilà, lisez tout haut.

M. DISCRET, *lisant.*

Monsieur & cher Amant,

» J'ai l'honneur de vous écrire ces lignes,
» pour vous faire à savoir que j'ai bien du
» chagrin ; parce que je crains déja que, quand
» je serai votre femme, vous ne m'aimiez pas :
» voilà pourquoi ma chere mere me défend de
» vous parler davantage ; ce qui met mon cœur
» en combuſtion, & que je ne paſſe pas une
» nuit ſans dormir, en rêvant de vous : ce n'eſt
» pourtant pas que je vous aime autant que je
» vous aimois ; voilà ce que je ne voulois pas
» vous dire, quoique je croie que vous ne
» m'aimez plus ; mais la plume me tombe des
» mains, pour dire que cela n'eſt pas vrai, &
» que je vous aime toujours de tout mon cœur.

Votre très-humble & très-
obéiſſante Servante,

Janneton.

Janneton ? (*Il eſt étonné.*)

M. DUBOIS, fils.

Oui, Janneton.

M. DISCRET.

C'eſt plaiſant ; mais ce n'eſt pas ſon écriture , ainſi ce n'eſt pas elle.

M. DUBOIS, fils.

Je vous dis que c'eſt ſon écriture. Oh ! elle
écrit bien , ce n'eſt pas par - là que le pot
s'enfuit.

M. DISCRET.

C'eſt que vous ne ſavez pas ce que je veux
dire. Ah ! ça ! je m'en vais vous faire une réponſe : quel ſtyle voulez-vous ?

M. DUBOIS, fils.

Comme vous voudrez ; je veux l'envoyer
promener, ainſi que ſa mere, ſur-tout ; parce
que c'eſt comme cela qu'il faut traiter les
femmes, pour en venir à bout.

M. DISCRET.

C'eſt bien dit. Vous connoiſſez bien le beau
Sexe.

M. DUBOIS, fils.

Je veux faire ſemblant comme ſi je n'avois
pas reçu ſa lettre, & que cela vienne premierement de moi, ce que je lui dirai.

M. DISCRET.

Je vous entends bien. Vous allez voir. (*Il
écrit.*)

M. D U B O I S, fils.

Parlez de fa mere , fur-tout.

M. D I S C R E T.

Ne vous embarraffez pas. (*Il écrit.*)

M. D U B O I S, fils.

Nous verrons.

M. D I S C R E T.

Tenez , voilà le commencement.

M. D U B O I S, fils.

Voyons.

M. D I S C R E T, *lit.*

Mademoifelle ,

Je mets la main à la plume, mais avec regret ; mon cœur faigne de tous les côtés, hors
du vôtre, quand il penfe à Madame votre mere,
qui eft, comme un dragon, toujours envers moi.

M. D U B O I S, fils.

C'eft bien ; mais....

M. D I S C R E T.

Écoutez , écoutez , vous ferez content. Il
me vient une bonne idée dans la tête. (*Ecrivant.*)
» Et qui ne peut vous donner que de mau-
» vais confeils, quant à l'égard de mon amour.

M. D U B O I S, fils.

C'eft cela ; mais il faudroit que la mere pût

se fâcher ; & lui dire que je ne veux plus de mariage.

M. DISCRET.

Oh ! je fais bien, vous allez voir. (*Il écrit.*) Tenez, voyez si ce n'est pas-là ce que vous vouliez dire ? (*Il lit.*)

» Et comme le piedestal de sa vertu a fou-
» vent fait des faux pas....

M. DUBOIS, fils.

Très-bien ! c'est fort bon !

M. DISCRET, *lit.*

» Je crains qu'il n'en arrive de même de vous.

M. DUBOIS, fils.

On ne peut pas mieux !

M. DISCRET, *écrivant.*

» Si vous vouliez éprouver mon amour,
» sans mariage, je ne demanderois pas mieux,
» dans ce cas-là, que d'être de tout mon cœur,
» Mademoifelle,

Votre très-humble & très-
respectueux Serviteur.

M. DUBOIS, fils.

C'est comme si je l'avois écrit moi-même, voilà tout ce que je voulois dire ; il n'en faut pas davantage.

M. DICRET.

Je fuis bien-aife que vous foyez content ; dame ! nous autres , il nous paffe tant de ces affaires-là par les mains , que j'y fuis un peu grec.

M. DUBOIS, fils.

Je le vois bien.

M. DISCRET.

Avant de la cacheter, ne faut-il pas figner ?

M. DUBOIS, fils.

Oui , vraiment.

M. DISCRET.

Dites-moi votre nom.

M. DUBOIS, fils.

Je m'appelle Difcret.

M. DISCRET.

Difcret ? mais c'eft auffi mon nom.

M. DUBOIS, fils.

Tout de bon ?

M. DISCRET.

Sûrement. C'eft plaifant cela ! Eft-ce que vous feriez le fils de M. Difcret, Facteur de la petite Pofte, qui a été tué à l'armée, il y a bien long-temps ?

M. DUBOIS, fils.

C'eſt moi-même ; c'eſt que j'avois déſerté ; & voilà pourquoi on m'avoit fait paſſer pour mort.

M. DICRET.

Cela fait une différence ; mais, en ce cas-là, nous ſommes couſins.

M. DUBOIS, fils.

Ah ! j'en ſuis charmé. Parbleu il faudra boire chopine enſemble.

M. DISCRET.

Je ne demande pas mieux ; je m'en vais cacheter cette lettre, & puis je vous menerai à un endroit, où il y a du bon vin. Je m'en vais mettre l'adreſſe à Mademoiſelle, Mademoiſelle Janneton ?

M. DUBOIS, fils.

Sans doute.

M. DISCRET, *écrivant & cachetant.*

Voilà votre affaire finie, couſin. (*Il lui donne la lettre.*) Si vous voulez venir à préſent....

M. DUBOIS, fils, *mettant la main à la poche.*

Mais il faut que je vous paye.

M. DISCRET.

Bon, entre parens. Et puis vous allez payer

chopine. Allons , je vous expliquerai ce qui m'a fi fort étonné.

M. D U B O I S, fils.

Allons , venez.

M. DISCRET , *rangeant fes papiers.*

C'eft qu'il faut arranger fes affaires. Je vous fuis. (*Ils s'en vont.*)

SCENE VII.

Mad. DE L'AIGUILLE, Mlle JANNETON.

Mlle JANNETON , *appellant fa mere.*

Ma chere mere? ma chere mere?

Mad. DE L'AIGUILLE.

Eh bien! qu'eft-ce que tu veux?

Mlle JANNETON.

Il n'y eft plus.

Mad. DE L'AIGUILLE.

Apparemment qu'il eft allé à fes affaires.

Mlle JANNETON.

C'eft que fi ce qu'on m'a dit eft vrai....

Mad. DE L'AIGUILLE.

Ah! fi tu vas me tourmenter comme cela!... Ne veux-tu pas que je le garde dans ma poche ? Je crains que tu ne fois jaloufe.

Mlle JANNETON.

Jaloufe ? non ; mais quand on aime bien....

Mad. DE L'AIGUILLE.

Tiens, ma fille, ce feroit tant pis pour toi : les hommes ne fe menent pas comme cela.

Mlle JANNETON.

On voit bien que vous n'avez jamais aimé.

Mad. DE L'AIGUILLE.

Jamais ? va, va, j'ai aimé plus que toi, & plus que tu n'aimeras de ta vie ; en tout bien & tout honneur, dà. D'abord, il ne faut pas fe plaindre, fans raifon. Tiens, écoute-moi. Un jour que....

SCENE VIII.

Mad. DE L'AIGUILLE, Mlle JAN-NETON, NICOLAS, *une lettre à la main, les regardant.*

Mad. DE L'AIGUILLE.

Qu'est-ce que celui-là cherche.

NICOLAS.

NICOLAS.

Madame, ne pourriez-vous pas m'enfei-
gner où demeure Mlle Janneton ?

Mlle JANNETON.

C'eft moi ; qu'eft-ce que c'eft ? (*Elle prend
la lettre & lit l'adreffe.*) Ah ! ma chere mere,
c'eft l'écriture de M. Difcret.

NICOLAS.

Oui, c'eft de fa part.

Mad. DE L'AIGUILLE.

De fa part ? (*Prenant la lettre.*) Voyons
un peu ce qu'il chante.

Mlle JANNETON.

Je meurs de peur qu'on ne m'ait dit vrai.

Mad. DE L'AIGUILLE.

Allons, tais-toi donc. (*Elle lit la lettre.*)
Hum.... hum.... hum.... hum.... mon cœur
faigne de tous les côtés....

Mlle JANNETON.

Il lui eft arrivé quelque malheur !

Mad. DE L'AIGUILLE, *lifant.*

Hum.... quand je penfe à Madame votre
mere, hum... hum... hum... hum... Et comme le piedeftal de fa vertu, a fouvent fait des

Tome IV. C

faux pas... Qu'eſt-ce que veut dire cet ani-
mal-là ? De qui parle-t-il ?

Mlle JANNETON.

De vous, ma chere mere.

Mad. DE L'AIGUILLE.

Voyons le reſte. (*Elle lit.*) Je crains qu'il
n'en arrive de même de vous.

Mlle JANNETON.

Comment, de moi ?

Mad. DE L'AIGUILLE, *liſant.*

Si vous vouliez pourtant éprouver mon
amour ſans mariage, je ne demanderois pas
mieux, dans ce cas-là, que d'être de tout
mon cœur,

    Mademoiſelle,

        Votre très-humble & très-
        reſpectueux ſerviteur,
            DISCRET.

Voilà un grand coquin ! un grand gueux !

Mlle JANNETON.

Mais, ma chere mere, peut-être que...

Mad. DE L'AIGUILLE, *en colere.*

Non, tu n'as que faire de me parler de
lui davantage.

NICOLAS.

Madame, m'allez vous donner la réponſe ?

Mad. DE L'AIGUILLE, *en colere.*

Oui, oui, donne-moi mon aulne, que j'é-
trille ce drôle-là.

NICOLAS.

Mais, il m'a dit que vous me payeriez.

Mad. DE L'AIGUILLE, *en colere.*

Eh bien ! tu n'as qu'à venir.

NICOLAS.

Je m'allovais lui dire que c'eſt comme cela
que vous recevrez ſa lettre.

Mad. DE L'AIGUILLE.

Ah ! tu n'as qu'à lui dire qu'il n'approche
pas d'ici de dix lieues.

NICOLAS.

Je n'y manquerai pas.

SCENE IX.

Mad. DE L'AIGUILLE, Mlle JANNETON.

Mad. DE L'AIGUILLE, *en colere.*

Ma vertu a fait des faux pas ! ce ne ſera

pas avec lui, toujours; s'il revient ici, je lui arracherai les yeux.

Mlle JANNETON.

Mais, c'est, peut-être, un faux rapport qu'on lui aura fait.

Mad. DE L'AIGUILLE, *en colere.*

Quand cela seroit vrai, je ne veux pas qu'on me le dise; enfin, je te défends de penser à lui davantage.

Mlle JANNETON, *pleurant*

Mais, ma chere mere, si je ne peux pas m'empêcher de l'aimer?

Mad. DE L'AIGUILLE, *en colere.*

Quoi! tu aurois ce cœur-là, d'aimer un vilain coquin, comme cela, qui t'insulte, qui insulte ta mere? Je te torderois plutôt le col, que de souffrir que tu l'aimes encore après cela.

Mlle JANNETON, *pleurant.*

Mais, ma chere mere, comment voulez-vous que je fasse?

Mad. DE L'AIGUILLE, *en colere.*

Aimes-en un autre, n'importe lequel, cela m'est égal, pourvu que ce ne soit pas lui.

Mlle JANNETON, *pleurant.*

Mais, si je ne le peux pas?

Mad. DE L'AIGUILLE, *en colere.*

Je te dis que je le veux, je suis ta mere, en un mot comme en cent.

Mlle JANNETON, *pleurant.*

Mais c'est que, moi, je ne sais si vous voudriez....

Mad. DE L'AIGUILLE.

Quoi? ne pleure plus, tais toi & parle.

Mlle JANNETON, *se mouche.*

Vous savez bien, ma chere mere, ce Bal où j'ai été, dans la rue de la Mortellerie, avec ma cousine.

Mad. DE L'AIGUILLE.

Oui, que tu m'as fait relever, après t'avoir attendue toute la nuit, pour t'ouvrir la porte, ah! ne me parle pas de cela. Eh bien! qu'est-ce que tu veux dire?

Mlle JANNETON.

C'est qu'il y avoit un ami de ma cousine, avec qui j'ai beaucoup dansé, je ne vois, après Monsieur Discret, que lui....

Mad. DE L'AIGUILLE.

Quoi! tu m'en parles encore?

Mlle JANNETON.

Ce n'est que pour vous dire, qu'après lui,

il n'y a que ce Monfieur-là que je puiſſe aimer : ma couſine m'a dit que c'étoit un bon
parti , & que ſi elle n'étoit pas accordée avec
un autre , qu'elle auroit bien voulu de lui.

Mad. DE L'AIGUILLE.

Et de quel métier eſt - il ? Il faut ſavoir
ſa vacation.

Mlle JANNETON.

Il n'a point de métier, il porte l'épée.

Mad. DE L'AIGUILLE.

Il porte l'épée : qu'eſt-ce qu'il eſt donc ?

Mlle JANNETON.

Il eſt Commis aux Barrieres.

Mad. DE L'AIGUILLE.

Et il ſe nomme ?

Mlle JANNETON.

M. Dubois.

Mad. DE L'AIGUILLE.

Comment, M. Dubois ? Eh ! mais s'il étoit
le fils de M. de la Fleur, qui s'appelle auſſi M.
Dubois, cela ſeroit trop heureux.

Mlle JANNETON.

Qui, ce Monſieur qui nous a acheté des
chauſſons ce matin ?

Mad. DE L'AIGUILLE.

Oui, pourquoi pas ? Il s'étoit marié trois ans avant moi , & il doit avoir un fils affez grand à préfent.

Mlle JANNETON.

Dame ! écoutez donc , cela pourroit bien être ; car il m'a dit que fon pere avoit bien de la protection, qu'il étoit débitant de tabac , & que pour lui , il auroit bientôt un meilleur emploi.

Mad. DE L'AIGUILLE.

Mais il faudroit favoir fi tout cela eft bien vrai, & s'il n'eft pas amoureux d'une autre ; car ces chiens d'hommes, il ne faut pas trop s'y fier , après ce qui nous arrive.

Mlle JANNETON.

Oh ! je fuis bien fûre qu'il eft amoureux de moi ; car il me la dit ; mais je ne lui ai rien répondu, parce que je comptois époufer M. Difcret , cet ingrat-là.

Mad. DE L'AIGUILLE.

Quoi ! tu y penfes encore ?

Mlle JANNETON.

Ah ! ma chere mere, c'eft pour la derniere fois. Et tenez, le voilà M. Dubois.

C iv

Mad. DE L'AIGUILLE.

Où cela ? celui qui vient de ce côté-ci ?

Mlle JANNETON.

Oui, justement, le voilà qui me salue. Il vient à nous.

Mad. DE L'AIGUILLE.

Eh bien ! laisse-le approcher.

SCENE X.

Mad. DE L'AIGUILLE , Mlle JAN-NETON , M. DUBOIS , fils.

M. DUBOIS, fils.

Mademoiselle, oferois-je prendre la liberté de m'informer de l'état de votre santé, avec la permiffion de Madame votre mere ?

Mad. DE L'AIGUILLE.

Oui, oui, Monfieur, très-volontiers. Affeyez-vous donc, s'il vous plaît.

M. DUBOIS, fils.

Je viens de la Barriere S. Antoine, & je m'en vais à la Douane, & j'ai dit, comme cela, chemin faifant, il faut que j'aille favoir des nouvelles de Mlle Janneton.

Mad. DE L'AIGUILLE.

Monsieur, vous faites bien de l'honneur à ma fille, & tenez, elle me parloit de vous.

M. DUBOIS, fils.

Ah! Madame! je suis donc plus heureux que je ne croyois, car je ne pensois pas qu'elle pût jamais se souvenir de moi.

Mad. DE L'AIGUILLE.

Pourquoi cela, Monsieur? quand on a des manieres honnêtes, c'est toujours bien fait; les honnêtes gens sont si rares, sur-tout dans ce temps-ci.

M. DUBOIS, fils.

Cela est bien vrai. (*Il offre du tabac à Mad. de l'Aiguille.*) Madame en use-t-elle ?

Mad. DE L'AIGUILLE.

Oui-dà, volontiers. Il est bien bon ce tabac-là, où le prenez-vous ?

M. DUBOIS, fils.

Chez mon pere, qui n'en vend que du bon; parce qu'il y a des raisons pour cela.

Mad. DE L'AIGUILLE.

Monsieur votre pere ? seroit-ce M. de Lafleur, qui demeuroit autrefois chez M. l'Argentier?

M. DUBOIS, fils.

Oui, Madame, & c'eſt M. l'Argentier, qui nous aime beaucoup, qui m'a fait avoir la place que j'ai.

Mad. DE L'AIGUILLE.

Mais, vraiment, c'eſt cela tout juſte; Monſieur votre pere eſt de nos plus anciens amis. Et tenez, comme il le diſoit tantôt, il n'y a que cela; car, à préſent, on ne ſait ſur qui compter.

M. DUBOIS, fils.

C'eſt que l'on ne connoît pas tout le monde; mais je ſais un quelqu'un qui ſeroit bienheureux, ſi vous & Mademoiſelle Janneton.... &, elle ſait bien ce que je veux dire.

Mad. DE L'AIGUILLE.

Écoutez donc, il n'y a qu'un mot qui ſerve, comme dit l'autre, & puiſque nous avons renouvellé connoiſſance avec Monſieur votre pere.... Je ſuis bien fachée qu'il n'ait pas voulu manger la ſoupe avec nous; cela ſeroit, peut-étre, fini à préſent.

M. DUBOIS, fils.

Comment! quoi, Madame! qu'eſt-ce que vous voulez donc dire? Serois-je aſſez heu-

reux pour avoir le bonheur que de !... mais,
Mademoifelle, dites donc ?...

Mlle JANNETON.

C'eft à ma chere mere à parler.

Mad. DE L'AIGUILLE.

Eh bien! parlez, vous, je parlerai après.

Mlle JANNETON.

C'eft que je difois, comme cela, à ma chere
mere, que vous aviez envie de vous marier.

M. DUBOIS, fils.

Il eft bien vrai que je n'y avois jamais penfé avant de vous avoir vu ; mais du depuis
ce temps-là, je ne penfe pas à autre chofe.

Mad. DE L'AIGUILLE.

Tenez, écoutez-moi, mes enfans ; je ne
fuis qu'une femme, & je ne vais point par
quatre chemins ; ce qu'on tient il ne faut pas
la lâcher ; allez chercher Monfieur votre pere ;
s'il eft vrai que vous êtes fon fils, cela fera
bientôt fini ; voilà comme je fuis, moi, voyez-
vous.

M. DUBOIS, fils.

Ah, Madame! ah, Mademoifelle Janneton!
Mais feroit-il bien vrai ? (*Il fe leve.*) Dans
ces occafions-là, il ne faut pas épargner, je
m'en vais prendre un fiacre, & je reviens tout

de suite. (*Il va pour s'en aller.*) Mais, Madame, un bonheur ne vient point sans l'autre,
voilà mon pere qui passe par là-bas, & qui
vient de ce côté-ci.

Mlle JANNETON.

Tout de bon ?

M. DUBOIS, fils.

Oui, voyez.

Mad. DE L'AIGUILLE.

Il va être bien étonné de voir que nous
vous connoissons. Allons, allons, c'est bon.

SCENE XI.

Mad. DE L'AIGUILLE, Mademoiselle
JANNETON, M. DUBOIS, pere,
M. DUBOIS, fils.

M. DUBOIS, fils.

Mon pere ? mon pere ? par ici.

M. DUBOIS, pere.

Ah ! ah ! qu'est-ce que tu fais-là ? Est-ce que
vous connoissez ce garçon-là, Madame de
l'Aiguille ?

Mad. DE L'AIGUILLE.

Oui, vraiment, nous le connoissons, &

nous le connoîtrons bientôt mieux, fi vous voulez.

M. DUBOIS, pere.

Ah! Dame! écoutez donc, ce n'eſt pas parce que c'eſt mon fils ; mais c'eſt un grivois qui ne mange pas ſon pain dans ſa poche, tel que vous le voyez, & ſi vous étiez d'humeur enfin.... devinez ce que je veux dire.

Mad. DE L'AIGUILLE.

Ah! voyez le gros fin ! bien attaqué, bien répondu ; pour moi je crois que Monſieur vaut bien Madame, & tenez, ſans barguigner davantage, je dis qu'il faut les marier enſemble.

M. DUBOIS, pere.

Eh mais! écoutez donc, ſi vous y conſentez, je ne demande pas mieux.

Mad. DE L'AIGUILLE.

Tout de bon ?

M. DUBOIS, pere.

Aſſurément, quand on ſe connoît de longue main, c'eſt tout ce qu'il faut. Il a un bon emploi, il en aura un meilleur encore. Quand je ſerai mort, je donnerai à ma belle-fille, mon débit de tabac; je crois qu'avec cela, mon fils eſt un bon parti.

Mad. DE L'AIGUILLE.

Moi, je n'ai que Janneton d'enfans, ainſi ainſi tout ce que j'ai ſera pour elle.

M. DUBOIS, pere.

C'eſt bien dit, je vous donne ma parole.

Mad. DE L'AIGUILLE.

Et moi, la mienne. Allons, embraſſez-vous, mes enfans, voilà qui eſt fini (*M. Dubois, fils, embraſſe tout le monde.*) Allons, entrons chez nous, nous boirons un coup, en cauſant de tout cela.

Mlle JANNETON.

Ah ! ma mere, voilà Monſieur Diſcret.

Mad. DE L'AIGUILLE.

Laiſſez-moi faire. Je m'en vais lui laver la tête.

Mlle JANNETON.

Bon, bon, ne lui dites rien, plutôt.

Mad. DE L'AIGUILLE.

Non, je veux en avoir le cœur net.

Mlle JANNETON.

Ah ! Monſieur Dubois !

M. DUBOIS, fils.

Ne craignez rien, je lui parlerai, moi, s'il dit quelque choſe.

SCENE XII.

Mad. DE L'AIGUILLE, Mlle JAN-
NETON, M. DUBOIS, pere,
M. DUBOIS, fils, M. DISCRET.

Mad. DE L'AIGUILLE.

Parlez un peu, Monfieur l'Écrivain, je
vous confeille de ne plus venir vous étaler
auprès de chez nous, car je vous frotterois
les oreilles.

M. DISCRET.

Mais, mais qu'eft-ce que vous avez donc,
Madame de l'Aiguille?

Mlle JANNETON.

Fi, c'eft bien vilain à vous, M. Difcret.

M. DISCRET.

Mais, je ne fais pas ce que vous voulez
dire.

Mad. DE L'AIGUILLE.

Comment, coquin! après la lettre que tu
as écrite à ma fille.

M. DISCRET.

Comment! mais je croyois que vous faviez
que je lui écrivois, & quand on doit fe
marier enfemble....

Mad. DE L'AIGUILLE.

Oui, & le piedeftal de ma vertu, qui a fait un faux pas. Attends, attends-moi.

M. DISCRET *regarde M. Dubois, fils.*

Quoi....

Mad. DE L'AIGUILLE.

Si je prends mon aulne, je te la cafferai fur le corps, vilain coquin.

M. DISCRET.

Comment ! mais, coufin...

M. DUBOIS, fils.

Coufin ? je ne vous connois pas, Monfieur, paffez votre chemin, ou....

Mad. DE L'AIGUILLE.

Tu ne veux pas de ma fille, en mariage, tu ne l'auras pas non plus ; car Monfieur l'é-poufe.

M. DISCRET.

Mais, c'eft traître cela !

Mad. DE L'AIGUILLE.

Et tu n'as que faire de revenir jamais grif-fonner devant chez moi.

M. DISCRET.

Mais, écoutez-moi donc, Madame de l'Ai-guille, Mademoifelle Janneton....

Mlle

Mlle JANNETON.

Allons, allons, laissez-le là, ma chere mere.

Mad. DE L'AIGUILLE.

Non, je veux qu'il s'en aille.

M. DISCRET.

Je ne demande à dire qu'un mot.

Mad. DE L'AIGUILLE.

Tu en as écrit plus qu'il n'en falloit.

M. DISCRET.

Mais ce n'est pas moi, qui....

Mad. DE L'AIGUILLE.

Ce n'est pas ton écriture, chien de menteur?

M. DISCRET.

Je ne dis pas cela; mais....

Mad. DE L'AIGUILLE.

Allons, va-t-en tout-à-l'heure.

M. DICRET.

Je veux auparavant....

M. DUBOIS, fils.

Monsieur Discret, si vous raisonnez....

M. DISCRET.

Mais, vous savez bien que c'est vous, & je ne sais à quoi il tient....

Tome IV.   D

M. DUBOIS, fils.

A quoi il tient? (*Il met la main sur son épée.*)

Mlle JANNETON.

Allons, Monsieur Discret, allez-vous-en.

M. DISCRET.

Allez, Mademoiselle, vous êtes une ingrate.

M. DUBOIS, fils.

Monsieur, je vous prie de ménager un peu le sexe, ou bien....

M. DISCRET.

Monsieur, je ne dis rien.... mais c'est affreux à vous...

M. DUBOIS, fils.

Je crois que vous m'attaquez. Vous en irez-vous?

M. DISCRET.

C'est que je prends toutes mes affaires. (*Il ramasse tous ses papiers.*) Non, je ne reviendrai plus ici. Je les donne toutes au diable, ainsi que vous.

M. DUBOIS, fils.

Comment, vous raisonnez?

M. DISCRET.

Non, Monsieur, je m'en vais; mais quelque jour.... (*Il s'en va.*)

M. DUBOIS, fils.

Nous en voilà débarraſſés.

Mlle JANNETON.

Ah ! Monſieur Dubois ! que je ſuis heureuſe de vous avoir connu !

M. DUBOIS, pere.

Venez donc, vous autres.

Mad. DE L'AIGUILLE.

Eſt-il parti ?

M. DUBOIS, fils.

Oh ! je vous réponds qu'il n'aura pas envie de revenir.

Mad. DE L'AIGUILLE.

Allons, mes enfans, mon gendre, venez, venez. (*Ils entrent tous chez Mad. de l'Aiguille.*)

Fin du quarante-huitième Proverbe.

LE
SUISSE DE PORTE,
ET
LE PORTRAIT,

QUARANTE-NEUVIEME PROVERBE.

PERSONNAGES.

LA MARQUISE, veuve.
LE BARON.
LE COMTE.

} *Tous bien mis.*

LE SUISSE de la Marquife. *En grande livrée, avec un baudrier , une épée & fans chapeau.*

DUBOIS , *Valet-de-Chambre de la Marquife. Habit & vefte rouge , à boutons d'or.*

La Scène eft chez la Marquife , dans le Sallon.

LE
SUISSE DE PORTE,
ET
LE PORTRAIT,
PROVERBE.

SCENE PREMIERE.

Le BARON, DUBOIS.

Le BARON.

Dubois, que fait la Marquise ?

DUBOIS.

Elle est à sa toilette, Monsieur le Baron, & elle écrit.

D iv

Le B A R O N.

On ne peut pas la voir?

D U B O I S.

Non pas dans ce moment-ci.

Le B A R O N.

J'attendrai. Faites entrer quelqu'un qui eſt là, qui eſt venu avec moi; & ne dites pas à la Marquiſe que je ne ſuis pas ſeul.

D U B O I S.

C'eſt bon. Monſieur, donnez-vous la peine d'entrer. (*Dubois ſort.*)

S C E N E I I.

Le B A R O N, Le C O M T E.

Le C O M T E.

Ah! Baron! tu ne ſaurois concevoir tout ce que j'éprouve, en me retrouvant ici.

Le B A R O N.

Je le crois; puiſque tu aimes encore la Marquiſe.

Le C O M T E.

Et, elle ne veut pas conſentir à me voir!

Le BARON.

Il eſt vrai; mais je ne ſaurois croire qu'elle ait ceſſé de t'aimer. Il eſt vrai que toutes les fois que je lui ai parlé de toi, elle m'a fait taire, ou elle ne m'a jamais écouté, ſans une eſpece d'indignation.

Le COMTE.

Je ne puis la blâmer; mais le temps doit tout adoucir.

Le BARON.

Je ne ſaurois te rien faire eſperer encore; & je crains que l'épreuve que tu veux faire, ne te réuſſiſſe pas.

Le COMTE.

Je crains, comme toi; mais je n'ai point d'autre reſſource que celle de tomber à ſes pieds. Si elle me rebute, je me retire, pour jamais, dans mes Terres de Dauphiné, oui, je pars, dans l'inſtant.

Le BARON.

Je te demande, au moins, huit jours.

Le COMTE.

Que n'ai-je pas fait, pour expier ma faute! Hélas! tu le ſais. Combien de fois ne me ſuis-je pas préſenté à ſa porte; que de lettres elle m'a renvoyé , ſans vouloir les lire !

Le BARON.

Tout cela devoit être.

Le COMTE.

Et pourquoi ?

Le BARON.

Comment veux-tu qu'après une rupture auſſi éclatante, elle puiſſe te recevoir ? Après avoir donné ton Portrait à Son uiſſe , afin qu'il ne s'y trompe pas , & qu'il ne te laiſſe plus entrer.

Le COMTE.

Peux-tu me rappeller ce comble d'humiliation ?

Le BARON.

Il eſt vrai que ce même Suiſſe a été renvoyé depuis un mois ; & que , ſans cela , tu neſerois pas entré ici , aujourd'hui; que même tu ne ne l'aurois pas eſſayé.

Le COMTE.

Non , ſûrement.

Le BARON.

Je vais donc parler à la Marquiſe, encore en ta faveur : cache-toi ; & ſi tu trouves un inſtant , où tu puiſſes eſpérer de la toucher , tu feras tout ce que tu voudras, je te seconderai autant qu'il me fera poffible.

Le COMTE.

Je te devrai le bonheur de ma vie.

Le BARON.

Entre dans ce cabinet: auffi bien j'entends quelqu'un, & c'eft, peut-être, elle. (*Le Comte entre dans le Cabinet.*)

SCENE III.

La MARQUISE, Le BARON.

La MARQUISE.

Baron, je vous fuis obligée d'avoir bien voulu m'attendre; j'achevois une lettre, & je crois que vous auriez été fâché que je me dérangeaffe; je compte affez fur votre amitié, pour cela.

Le BARON.

Je fuis plus fenfible à cette confiance, qu'à toutes les proteftations qu'on peut faire. Quelque plaifir que j'aie à vous faire ma cour, fi je n'avois eu qu'un inftant à vous donner, je m'en ferois pri é plutôt que de vous interrompre. Vous ne me paroiffez pas trop bien, aujourd'hui.

La MARQUISE.

Je n'ai point dormi, j'ai eu de l'agitation, j'ai rêvé; mais des chofes qui m'ont tourmentée beaucoup.

Le BARON.

Je vous plains bien fincerement : en vérité, il ne me paroît pas trop injufte que l'on ne foit pas tout-à-fait heureux, quand on a fait le malheur des autres.

La MARQUISE.

Je vois où vous en voulez venir, Baron.

Le BARON.

Mais, Madame, voulez-vous être toujours infenfible ? Je vois, malgré vous, tout ce que vous fouffrez de cette rigueur; l'impreffion qu'avoit fait le Comte fur votre cœur, ne peut point s'effacer : vous vous efforcez en vain de me le cacher; votre fanté en eft altérée ; & il ne dépendroit que de vous de terminer tous vos maux.

La MARQUISE.

Eh! le puis-je, Baron? Vous favez le procédé du Comte. Prefque au moment de m'époufer, il me trahit, l'ingrat! & pour qui?

Le BARON.

Pouvez-vous croire que fon cœur ait eu part à cette erreur? Non, Madame: vous n'avez pas voulu favoir tout ce qu'il en a fouffert, il a bien expié fon crime; fi vous aviez été témoin de fon repentir, du délire où l'a plongé fa douleur, je ne dis pas l'amour, mais la pitié feule vous auroit rendue fenfible à tant de maux. Après la maladie qu'ils lui ont occafionnée, la convalefcence, bien loin d'avoir des charmes pour lui, en lui rendant fes forces, faifoit chaque jour renaître fes tourmens. Je me fuis tû, tant qu'il m'a paru coupable; mais un fi vif repentir m'a prouvé qu'il méritoit fa grace. Oui, Madame, vous avez fait juftice; mais vous devez pardonner.

La MARQUISE.

Quoi! vous pouvez me donner ce confeil? Je vous croyois mon ami....

Le BARON.

C'eft pour vous-même que je vous le

donne ; & fi vous me laiffiez lire dans votre cœur....

La MARQUISE.

Vous y verriez que la confiance n'y peut plus renaître. Lorfque l'amour le plus tendre s'eft vu tromper une fois, l'efpoir de la conftance dans les hommes, eft perdue fans retour.

Le BARON.

Mais, vous aimez encore le Comte.

La MARQUISE.

Je l'aimerois, qu'il n'en feroit pas plus heureux.

Le BARON.

Confentez du moins à le voir.

La MARQUISE.

S'il étoit à Paris, je m'en éloignerois dans l'inftant.

SCENE IV.

La MARQUISE, Le COMTE, Le BARON.

Le COMTE, *fortant du Cabinet, & fe jettant aux genoux de la Marquife.*

Non, Madame, c'eft moi qui vais m'en

bannir pour toute ma vie , puifque je n'ai plus d'efpoir, & je viens vous dire un éternel adieu.

LA MARQUISE , *émue & en colere.*
Que vois-je ! quelle audace !...

Le BARON.
Madame !...

La MARQUISE , *au Comte.*
Levez-vous, Monfieur. (*Au Baron.*) Baron, fonnez , je vous prie.

Le BARON.
Que voulez-vous faire ?

La MARQUISE.
Sonnez , ou bien je vais moi-même....

Le BARON.
Allons, Madame. (*Il fonne.*)

SCENE V.

La MARQUISE , Le COMTE , LE BARON, DUBOIS, Le SUISSE.

LA MARQUISE , *à Dubois.*

Qu'on faffe monter le Suiffe.

DUBOIS.

Le voilà, qui apporte les lettres de Madame.

La MARQUISE, *au Suiſſe.*

Pourquoi avez-vous laiſſé entrer Monſieur ?

Le SUISSE.

Matame, il n'a point dit de refuſer perſonne aujourd'hui.

La MARQUISE.

Oui, mais Monſieur ? ne vous a-t-on pas dit que jamais ?...

Le SUISSE.

Monſieur, il vient avec Monſieur Baron. Il eſt vrai que j'ai point vu encore ſa nom ni ſa viſage, & j'ai crois que c'eſt un connoiſ- ſance nouvelle.

La MARQUISE.

Mais, Fribourg vous a laiſſé un Portrait ?

Le SUISSE.

La Camarade, il ma donné, je laiſſe point entrer jamais non plus ſte Monſieur.

La MARQUISE.

Et le voilà.

Le SUISSE.

Oh ! que non, Matame ! il rit avec moi.

La

La vifage que j'ai dans mon poche , il eft un gros vifage. (*Il tire le Portrait.*) Regarde vous-même.

La MARQUISE.

Je n'ai que faire de voir

Le SUISSE.

Il eft pon cette vifage du Portrait , & je laiffe point entrer.

La MARQUISE.

Je vous dis que c'eft Monfieur , & je vous chaffe.

Le SUISSE.

Je forte point , c'eft la Peintre qui n'a point raifon, je vais dire à lui de venir, & puis Madame il le chaffera après s'il veut. Regarde vous un peu la Portrait toujours en attendant. (*Il le laiffe fur une table & il fort.*)

SCENE VI.

La COMTESSE, Le BARON, Le COMTE.

Le BARON.

Madame, le Suiffe n'a pas tort, il auroit

connu le Comte autrefois, qu'il auroit pu ne pas le reconnoître aujourd'hui.

Le C O M T E.

Non, Madame, je ne suis plus le même, mes remords m'ont bien changé, mon cœur n'a jamais cessé de vous adorer ; au milieu de mon égarement je me suis abhorré moi-même, les premiers reproches que j'ai éprouvés, ce sont les miens. Je mérite une haine éternelle ; mais si vous m'avez aimée....

La M A R Q U I S E.

Ne prononcez pas ce mot-là.

Le C O M T E.

Le malheur peut nous entraîner une fois ; mais après cela, le flambeau de la Raison vous répond de la conduite du reste de la vie. Qui n'a rien éprouvé, ne sauroit répondre de soi.

· La M A R Q U I S E.

Et si vous m'aviez véritablement aimée, comment auriez-vous pu consentir à me trahir?

Le C O M T E.

Je vous l'ai dit, Madame, mon cœur n'a point eu de part à ce délire : oubliez cette faute, c'est toute la grace que je vous demande ; si je continu à être privé de votre estime, je ne réponds pas de mon désespoir.

La MARQUISE.

Dépend-t-il de moi de vous la rendre? La contrariété peut irriter votre amour & vous faire croire que vous ne feriez plus coupable, voilà tout le changement qui s'eft fait en vous.

Le COMTE.

Ah! Madame! ne croyez pas....

La MARQUISE.

Je fais fur quoi je pourrois compter.

Le BARON.

Madame, je réponds de lui.

La MARQUISE.

Eh! croyez-vous, fi l'on pouvoit répondre des hommes, que j'aurois befoin de caution dans ce moment-ci. Reprenez ce Portrait, Comte. (*Elle le lui donne.*)

Le COMTE.

Comment, Madame?

La MARQUISE.

L'image du bonheur m'avoit trompée. Puiffe celle du repentir, que je vois dans cet inftant, ne m'abufer jamais!

Le COMTE.

Qu'entends-je?....

E ij

La MARQUISE.

Je viens de chasser mon Suisse, je veux que vous le repreniez.

Le COMTE.

Je ne sais que penser....

La MARQUISE.

Ce ne sera plus à vous que je m'en prendrai s'il vous arrive une seconde fois....

Le COMTE

Bannissez pour jamais cette pensée.

La MARQUISE.

Ce sera à moi, à ma foiblesse, à mon amour, que tous vos torts n'ont pu détruire.

Le COMTE.

Je vais expirer de joie à vos pieds! (*Il veut se jetter aux genoux de la Marquise, qui le releve & lui donne sa main.*)

Le BARON.

Voilà, Madame, l'opinion que j'avois de votre ame, elle est trop délicate & trop généreuse, pour être toujours inflexible.

La MARQUISE.

Je me sacrifie pour ce que j'aime.

Le COMTE.

Vous jugerez de l'excès de mon bonheur, par-tout ce que je ferai pour le mériter toujours.

L'ÉTRANGER,

CINQUANTIEME PROVERBE.

PERSONNAGES.

M. TROTBERG, *Banquier Allemand.*
*Habit verd, à brandebourgs d'or, boutonné,
perruque à nœuds, chapeau & épée, haute,
avec cravatte.*

M. DU BREUIL, *Banquier François.
Habit de velours de Printems, de plusieurs
couleurs, perruque à nœuds. A la seconde
Scène, canne & épée.*

M. DU BREUIL, fils. *En habit de campagne, & couteau-de-chasse.*

LA PIERRE, *Laquais de M. du Breuil.
Habit gris-de-fer, petit galon de livrée.*

*La Scène est chez M. du Breuil, dans une
Chambre à coucher.*

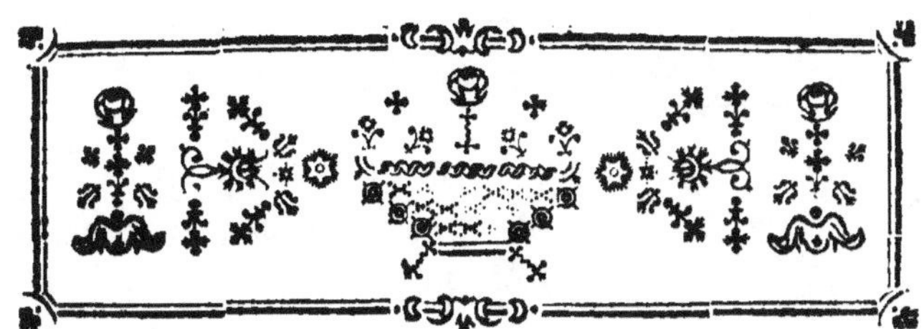

L'ÉTRANGER,
PROVERBE.

SCENE PREMIERE.

M. TROTBERG, M. DUBREUIL, pere.

M. DUBREUIL, pere.

Monsieur, voilà votre appartement.

M. TROTBERG.

Appartement?

M. DUBREUIL, pere.

Oui, votre logement.

M. TROTBERG.

Ah! logement, c'est appartement; je comprends fort bon. Il est fort joli.

M. DUBREUIL, pere.

Monsieur, je voudrois que vous vous trouvassiez bien chez moi, je vous ai tant d'obligation, d'avoir bien voulu recevoir mon fils à Nuremberg, que je ne puis affez vous en marquer ma reconnoiffance.

M. TROTBERG, *écrivant fur des tablettes.*

Monfieur, vous dites logement; c'eft appartement?

M. DUBREUIL, pere.

Oui, Monfieur.

M. TROTBERG.

C'eft que j'écris à mefure que je entend, pour garder dans le mémoire.

M. DUBREUIL, pere.

C'eft une très-bonne façon d'apprendre le François.

M. TROTBERG.

Oui, c'eft que comme cela, on apprend meilleur, & j'ai commandé de même à Monfieur votre fils, dans fa voyage d'Allemagne.

M. DUBREUIL, pere.

C'eft un bon avis que vous lui avez donné.

M. TROTBERG.

Avis?

M. DUBREUIL, pere.

Oui, Monfieur.

M. TROTBERG.

Je n'ai rien donné qui soit avis.

M. DUBREUIL, pere.

Je vous demande pardon; avis, c'est conseil, avertissement.

M. TROTBERG.

Ah! permettez que j'écrive avertissement, conseil, c'est avis. (*Il écrit.*)

M. DUBREUIL, pere.

Oui, Monsieur.

M. TROTBERG.

Tiaple! je croyois, à Nuremberg, savoir bien la Langue du François, je vois à présent que c'est bien autrement encore que je disois.

M. DUBREUIL, pere.

Vous parlez bien, cependant.

M. TROTBERG.

Ah! comme cela, pas trop autrement, & je suis impatientement que Monsieur votre fils, il soit ici, pour me expliquer mieux.

M. DUBREUIL, pere.

Il arrivera bientôt, il n'est qu'à trois lieues d'ici, il sait que vous devez venir, & je l'ai envoyé querir.

M. TROTBERG.

Querir? Est-ce courir?

M. DUBREUIL, pere.

Non, querir, c'est chercher?

M. TROTBERG.

Chercher, c'est querir? il faut que je
écrive aussi querir, chercher, querir. (*Il écrit.*)

M. DUBREUIL, pere.

Monsieur, je vous prie de vous regarder
ici comme le maître de la maison; ordonnez,
& l'on vous donnera tout ce que vous voudrez.

M. TROTBERG.

A moi?

M. DUBREUIL, pere.

A vous.

M. TROTBERG.

Pour mon besoin?

M. DUBREUIL, pere.

Tout ce qui vous sera nécessaire.

M. TROTBERG.

Nécessaire? cela veut dire?...

M. DUBREUIL, pere.

Besoin.

M. TROTBERG.

Tiaple! vous avez toujours deux mots
pour un, je comprends pas cela: vous dites
besoin; c'est nécessaire?

M. DUBREUIL, pere.
Oui, néceſſaire.

M. TROTBERG.
Je écris auſſi.

M. DUBREUIL, pere.
C'eſt très-bien fait.

M. TROTBERG.
Allons, je ne veux parler que françois quand je reſte dans cette pays, même quand je ſuis avec moi tout ſeul, cela il me apprendra.

M. DUBREUIL, pere.
C'eſt un bon moyen ?

M. TROTBERG.
Un bon moyen.

M. DUBREUIL, pere
Oui, une méthode très-bonne.

M. TROTBERG.
Encore moyen ; c'eſt m'éthode ?

M. DUBREUIL, pere
Oui, dans ce cas-las ; mais il vaut mieux dire, méthode.

M. TROTBERG.
Je écris donc méthode, puiſqu'il eſt le meilleur.

M. DUBREUIL, pere.
Oui, oui, mettez méthode.

M. TROTBERG.

Je suis fort obligé, je demande bien pardon.

M. DUBREUIL, pere.

Vous vous moquez de moi.

M. TROTBERG.

Moi, non, je ne moque pas de vous ; moquer c'est comme rire, n'est-ce pas ?

M. DUBREUIL, pere.

Oui.

M. TROTBERG.

Oui ? j'ai écrit déja plusieurs fois, & vous voyez bien que je ne ris pas.

SCENE II.

M. DUBREUIL, M. TROTBERG, La PIERRE.

La PIERRE.

Monsieur, il y a un Monsieur, dans votre cabinet, qui vous attend.

M. DUBREUIL, pere.

C'est bon ; je vais y aller.

M. TROTBERG.

C'est un affaire, peut-être, il faut aller, marcher. Je suis fort bon ici.

M. DUBREUIL, pere.
Voilà du papier, de l'encre; je reviendrai vous tenir compagnie bientôt.

M. TROTBERG.
Je fuis ici avec ma porte-feuille, je lis tout cela.

M. DUBREUIL, pere.
Si vous avez befoin de quelque chofe, appellez la Pierre.

M. TROTBERG.
Befoin, c'eft néceffaire, je me fouviens. Et la Pierre?

M. DUBREUIL, pere.
C'eft cet homme-là.

M. TROTBERG.
Cet homme-là, on l'appelle une Pierre?

M. DUBREUIL, pere.
Oui, c'eft fon nom.

M. TROTBERG.
Je entend bien; c'eft comme nous difons un arbre de noix, arbre d'olive.

M. DUBREUIL, pere.
Oui, du noyer, olivier.

M. TROTBERG.
Du noyer, noix; olivier, olive. Je écris, permettez. (*Il écrit.*) Je finis.

M. DUBREUIL, pere.

Vous aurez tout ce que vous voudrez. Si vous voulez envoyer quelque part, dites où.

M. TROTBERG.

Où ? (*Il écrit.*)

M. DUBREUIL, pere.

Oui. Si vous voulez manger, dites quoi.

M. TROTBERG.

Quoi ? (*Il écrit.*)

M. DUBREUIL, pere.

Oui. Si vous voulez boire, dites-le.

M. TROTBERG.

Le ? (*Il écrit.*)

M. DUBREUIL, pere.

Si vous voulez sortir, dites quand.

M. TROTBERG.

Quand? (*Il écrit.*)

M. DUBREUIL, pere.

Oui.

M. TROTBERG.

C'est pour sortir ? fort bon.

M. DUBREUIL, pere.

Si vous voulez vous coucher, dites l'heure.

M. TROTBERG.

Pour coucher ?

M. DUBREUIL, pere.

Pour lever, de même.

M. TROTBERG.

C'eſt fort ſingulier. Voilà un pour deux, à préſent. (*Il écrit.*)

M. DUBREUIL, pere.

J'eſpere que mon fils va arriver, & il vous tiendra compagnie.

M. TROTBERG.

Oh ! j'ai pas beſoin, j'ai ici ma occupation.

M. DUBREUIL, pere.

La Pierre va reſter dans votre antichambre. Tu entends bien, la Pierre ?

La PIERRE.

Oui, Monſieur.

M. DUBREUIL, pere.

Et tu feras ce que Monſieur te dira.

La PIERRE.

Oui, oui, Monſieur.

M. DUBREUIL, pere.

Ah ! ça ! Monſieur, je vous laiſſe, je ſuis bien votre Serviteur

M. TROTBERG.

Serviteur, Monſieur, Serviteur.

SCENE III.

M. TROTBERG, *rêvant.*

Je vous laiſſe. Laiſſe. Je comprends pas laiſſe. Pourquoi j'ai pas demandé. Laiſſe ! laiſſe ! Il faut que je ſache à ce moment pour écrire. La Pierre ?

SCENE IV.

M. TROTBERG, La PIERRE.

La PIERRE, *de la porte.*

Monsieur.

M. TROTBERG.

Entre ici.

La PIERRE.

Me voilà, Monſieur.

M. TROTBERG.

Qu'eſt-ce que c'eſt que laiſſe il veut dire ?

La PIERRE.

Laiſſe ?

M. TROTBERG.

Oui, laiſſe ?

La PIERRE.

La PIERRE.

Leffe ? je ne fais pas, Monfieur.

M. TROTBERG.

Monfieur Dubreuil , il a dit laiffe.

La PIERRE.

Leffe ? Ah ! Monfieur, c'eft à votre chapeau.

M. TROTBERG.

A mon chapeau , laiffe ?

La PIERRE.

Oui , Monfieur , je vais vous montrer. (*Il
prend le chapeau de M. Trotberg.*) Tenez ,
voilà ce que c'eft qu'une leffe.

M: TROTBERG.

Cela , il eft une leffe ?

La PIERRE.

Oui , Monfieur.

M. TROTBERG.

Monfieur Dubreuil , il ne m'a point parlé
de chapeau.

La PIERRE.

C'eft pourtant cela.

M. TROTBERG.

Allons , va-t-en, je demande à lui-même ,
quand il viendra.

Tome IV. F

SCENE V.

M. TROTBERG.

C'est un langue de tous les tiables. La fils de M. Dubreuil, il fera fort bon pour moi ici. (*Il regarde toutes fes lettres de recommandation.*) Ah! je trouve ici un lettre qu'il faut que j'envoie tout préfentement. La Pierre?

SCENE VI.

M. TROTBERG, La PIERRE.

La PIERRE.

Monsieur.

M. TROTBERG.

Tiens, où. (*Donnant une lettre.*)

La PIERRE.

Qu'eft-ce que vous voulez, Monfieur?

M. TROTBERG.

Où.

La PIERRE.

Où? Qu'eft-ce qu'il faut faire?

M. TROTBERG.

Je te dis, où.

La PIERRE.

Oui ; mais je n'entends point l'Allemand.

M. TROTBERG.

Mais, c'est François, où. Il est sur mon tablette. (*Il regarde.*) Oui, où.

La PIERRE.

Non, Monsieur, où ne veut rien dire.

M. TROTBERG.

Ce tiaple de François, ils ne savent point la langage de leur pays. Monsieur Dubreuil, il m'a dit, où, quand on veut envoyer quelque part.

La PIERRE.

Pour envoyer, on ne dit point, où ; on dit, allez là.

M. TROTBERG.

Allez là ?

La PIERRE.

Oui, Monsieur.

M. TROTBERG.

Il faut donc que j'écrive allez là, aussi ; mais je demanderai. Attends à cette moment. (*Il écrit.*) Allez là.

La PIERRE.

Là, c'est sur la lettre.

F ij

M. TROTBERG.

Sur la lettre, là ? Non, c'eſt l'adreſſe.

La PIERRE.

Eh bien ! oui.

M. TROTBERG.

Là ; c'eſt l'adreſſe ?

La PIERRE.

L'adreſſe eſt la deſſus, deſſus la lettre.

M. TROTBERG.

Oui. Je comprends pas jamais. Revenez ſur la moment.

La PIERRE.

Je vais l'envoyer par quelqu'un ; parce que je ne dois pas vous quitter.

M. TROTBERG.

Fort bien, fort bien.

SCENE VII.

M. TROTBERG.

Il faut un bon patience, avec cette domeſti-que ; je ne ſais pas pourquoi il m'a donné, comme cela, un bête pour mon ſervice. Je ſuis tout en échauffement de cette garçon qu'il ne m'entend pas. J'ai envie de faire porter un glas de bier, non, non, un verre de bierre qu'il faut dire en François. Je veux parler autrement jamais à préfent. La Pierre? La Pierre?

SCENE VIII.

M. TROTBERG, La PIERRE.

La PIERRE.

Monsieur, qu'eft-ce que vous voulez? Votre lettre eft partie.

M. TROTBERG.

Je veux, le.

La PIERRE.

Le?

M. TROTBERG.

Oui, je dis, le.

La PIERRE.

Le quoi?

M. TROTBERG.

Je veux pas quoi, je veux, le.

La PIERRE.

Le? je ne fais pas ce que vous voulez dire, dites quoi.

M. TROTBERG.

Je veux pas dire quoi, je veux dire, le.

La PIERRE.

Je ne peux pas vous deviner.

M. TROTBERG.

Que tiaple ! est-ce que je ferois un faute ? (*Il lit dans ces tablettes.*) Non, c'est le.

La PIERRE.

Le quoi ?

M. TROTBERG.

Eh bien ! donne-moi quoi ? Tu donneras après le ; puisque tu veux donner quoi.

La PIERRE.

Je ne vous entends pas, Monsieur.

M. TROTBERG.

C'est pourtant Monsieur Dubreuil, qui ma dit de dire, le.

La PIERRE.

Le quoi ?

M. TROTBERG.

Quand je dis le , je dis pas quoi : quand je dis quoi, je dis pas le.

La PIERRE.

Je ne puis vous donner que ce que vous me dites.

M. TROTBERG.

Je dis le ; mais faites marcher ici Monsieur Dubreuil, il dira si je dis pas bien.

La PIERRE.

Il vient de sortir.

M. TROTBERG.

Sortir, c'est quand.

La PIERRE.

Quand? tout-à-l'heure.

M. TROTBERG.

L'heure, c'est coucher, il ma dit.

La PIERRE.

Je ne dis pas qu'il est couché, je dis qu'il vient de sortir.

M. TROTBERG.

Eh bien! sortir, quand.

La PIERRE.

Quand? je vous dis tout-à-l'heure.

M. TROTBERG.

L'heure c'est coucher, je sais fort bon ; mais on ne peut pas être couché & être sorti, je puis pas souffrir la mensonge.

La PIERRE.

Mais je ne dis pas qu'il est couché, non plus.

F iv

M. TROTBERG.

Que diable dis-tu donc ?

La PIERRE.

Je dis qu'il vient de sortir.

M. TROTBERG.

Quand ?

La PIERRE.

Tout-à-l'heure.

M. TROTBERG.

Je tiens plus, je vais quand, aussi, moi, de cette logis.

La PIERRE.

Tenez, j'entends Monsieur Dubreuil, le fils, il fait l'Allemand, il vous entendra.

M. TROTBERG.

Je parle François encore : c'est un grand impatientement que cette garçon-là !

SCENE IX.

M. TROTBERG, M. DUBREUIL, fils,
La PIERRE.

M. DUBREUIL, fils.

Ah! Monfieur Trotberg, je fuis charmé
de vous voir à Paris. (*Il l'embraſſe.*)

M. TROTBERG.

Je fuis bien content auſſi, véritablement.

M. DUBREUIL, fils.

Je comptois que vous n'arriveriez que demain, je vous demande bien pardon de n'a-
voir pas été ici à votre arrivée.

M. TROTBERG.

J'ai vu Monfieur votre pere; mais il m'a
mis de l'embarras avec cette garçon; parce
que les miens ils font tous malades de la poſ-
te, & puis ils favent pas la langage de cette
pays, & je puis pas expliquer à cette Pierre,
qu'il n'entend pas.

M. DUBREUIL, fils.

Cette Pierre?

La PIERRE.
Oui, c'eſt moi, la Pierre, qu'il veut dire.

M. TROTBERG.
Eſt-ce qu'il n'eſt pas François, la Pierre?

M. DUBREUIL, fils.
Pardonnez-moi.

M. TROTBERG.
Il ne ſait donc pas les mots de ſon pays?

M. DUBREUIL, fils.
Comment?

La PIERRE.
Monſieur, il me dit le, quoi, quand, l'heure; je ne ſais pas ſi c'eſt Allemand ou François.

M. TROTBERG.
Vous voyez bien qu'il dit lui-même.

M. DUBREUIL, fils.
Je n'entends pas non plus. Mais ſi vous voulez quelque choſe, dites-moi, & vous l'aurez.

M. TROTBERG.
Eh bien! je veux le.

M. DUBREUIL, fils.
Le quoi?

M. TROTBERG.

Eh ! il dit auffi lui, la Pierre, quoi, pour lors que je dis, le.

M. DUBREUIL, fils.

C'eft fingulier cela! Dites-moi, en Allemand, ce que vous voulez.

M. TROTBERG.

Non, j'ai juré de parler toujours François dans cette pays. Et Monfieur votre pere il m'a dit de dire, le.

M. DUBREUIL, fils.

Le quoi?

M. TROTBERG.

Non, ce n'eft pas quoi, c'eft le.

M. DUBREUIL, fils.

La Pierre, dis à mon pere que je le prie de monter.

M. TROTBERG.

Monfieur votre pere, il eft quand & l'heure, à ce qu'il dit.

M. DUBREUIL, fils.

Quand & l'heure?

La PIERRE.

Oui. Je ne fais pas ce qu'il veut dire.

M. TROTBERG.

Ni moi non plus, je croyois favoir mieux
la François, il m'a pourtant dit de dire
comme cela, Monfieur Dubreuil.

M. DUBREUIL, fils.

Le voilà, nous allons favoir ce que cela
veut dire.

M. TROTBERG.

Vous verrez que j'ai dit raifonnablement.

SCENE X.

M. TROTBERG, M. DUBREUIL, pere.
M. DUBREUIL, fils, La PIERRE.

M. DUBREUIL, pere.

Monsieur, je vous demande bien
pardon; mais j'ai été obligé de fortir...

M. TROTBERG.

Oui, je fais quand, vous voyez bien.

M. DUBREUIL, pere.

Oui; mais ne vous a-t-il rien manqué?

M. DUBREUIL, fils.

Voilà l'embarras. M. Trotberg a demandé tout plein de chofes, que la Pierre n'a pû lui donner.

La PIERRE.

Parce que je n'ai pû rien comprendre.

M. DUBREUIL, fils.

Ni moi non plus.

M. TROTBERG.

Et cependant, Monfieur, vous m'avez dit de dire le, & je demande le, il veut me donner quoi. Et puis je voulois parler à vous, il m'a dit quand & l'heure ; c'eft un tiable d'homme, qui me feroit être un fou, cette la Pierre !

M. DUBREUIL, pere.

Je fuis auffi embarraffé que vous.

M. TROTBERG.

Mais, Monfieur, je puis bien vous dire, j'ai écrit ici. (*Il prend fes tablettes.*) Ne m'avez-vous pas dit : fi vous voulez envoyer quelque part, dites, où.

M. DUBREUIL, pere.

Oui.

M. TROTBERG.

J'ai dit où, aussi, il ne vouloit pas entendre ; mais après il a envoyé.

M. DUBREUIL, pere.

La Pierre, as-tu envoyé ?

La PIERRE.

Oui, Monsieur, c'étoit une lettre, & l'a-
dresse étoit dessus.

M. DUBREUIL, pere.

C'est bon.

M. TROTBERG.

Oui ; mais j'ai eu un grand peine.

La PIERRE.

Il disoit toujours, où, où, où. Je ne sa-
vois pas ce qu'il vouloit dire.

M. TROTBERG.

Mais j'ai dit bien, n'est ce pas, Monsieur
Dubreuil ?

M. DUBREUIL, pere.

Je crois que oui.

M. TROTBERG.

Après j'ai veux boire, je dis le, il veut me
donner quoi. Moi, je veux pas quoi, je
veux le.

M. DUBREUIL, pere

Le ?

M. TROTBERG.

Oui. Je puis pas expliquer, je demander à parler à vous, il dit que vous êtes quand & l'heure. Je puis pas entendre.

M. DUBREUIL, pere.

Ma foi, ni moi non plus.

M. TROTBERG.

J'ai pourtant dit comme vous m'aviez dit de dire.

M. DUBREUIL, pere.

Moi ?

M. DUBREUIL, fils.

C'eſt-il vrai, mon pere?

M. DUBREUIL, pere.

Je n'ai pas dit cela.

M. TROTBERG.

Vous n'avez pas dit, Monſieur? J'ai pourtant écrit ſur mon tablette.

M. DUBREUIL, fils.

Eh bien ! liſez-nous ce qu'il y a.

M. TROTBERG, *lit.*

Quand vous voulez envoyer quelque part, dites où. J'ai dit où.

M. DUBREUIL, pere.

Où ; mais il faut dire où il faut aller.

M. TROTBERG.

Où il faut aller ? Ah ! tiable ! je favois pas. Je écrirai après. Je lis encore. Si vous voulez boire, dites-le. Je dis le , il dit quoi , je veux pas quoi , moi, je veux le.

M. DUBREUIL, pere.

Cela veut dire , fi vous voulez boire, dites-le , dites que vous voulez boire.

M. TROTBERG.

Ah ! je comprends. Après j'ai écrit : fi vous voulez manger , dites quoi.

M. DUBREUIL, pere.

Quoi , c'eft ce que vous voulez manger.

M. TROTBERG.

C'eft cela, fûrement.

M. DUBREUIL, fils.

Sans doute.

M. TROTBERG.

Je penfois pas. (*Il lit.*) Si vous voulez fortir , dites quand.

M. DUBREUIL, pere.

Quand vous voudrez fortir.

M.

M. TROTBERG.

Ah ! je crois que quand vouloit dire fortir, je entend préfentement. Et puis, (*Il lit.*)
Si vous voulez vous coucher, dites l'heure.

M DUBREUIL, fils.

C'eft l'heure que vous voulez vous coucher.

M. TROTBERG.

Coucher, ou vous lever ; voilà pourquoi
je comprenois pas. C'eft mon faute de n'être
pas plus favant du Langue François.

M. DUBREUIL, pere.

Ce n'eft rien que cela.

M. TROTBERG.

Ah ! je demande pardon, je dirai le chofe
dont je veux à préfent.

M. DUBREUIL, pere.

Venez, venez fouper ; vous devez en avoir
befoin.

M. TROTBERG.

Je ferai avec plaifir : je fuis embarraffé
avec vous de mon colere.

M. DUBREUIL, fils.

En buvant, tout cela fe paffera.

Tome IV.   G

M. DUBREUIL, pere.

Allons, allons, venez.

M. TROTBERG.

Je marche avec vous, Meſſieurs.

Fin du cinquantième Proverbe.

LE LIEVRE,

CINQUANTE-UNIÈME PROVERBE.

PERSONNAGES.

M. DUBUT , *Avocat. Robe-de-chambre de calmande rayée, bonnet de velours, & puis en habit brun, veſte noire, grande perruque, cravate, chapeau uni & canne.*

DAME JAQUELINE, *Servante de M. Dubut. Juſte brun, jupon rayé, tablier de cuiſine, grande cornette plate.*

GROS-PIERRE , *Payſan. Habit & veſte griſe, ſur un gillet d'indienne, perruque blonde, ronde, & chapeau noir, un bâton, avec un lievre.*

VINCENT , *Payſan. Habit & veſte griſe, boutons noirs, gillet de laine, grand chapeau noir, bâton, beſace, & guétres.*

La Scène eſt chez M. Dubut, dans une petite Ville de Province.

LE
LIEVRE,
PROVERBE.

SCENE PREMIERE.

M. DUBUT, *en robe-de-chambre, écrivant.*

Toujours travailler ! en voilà affez : il faut
que j'aille prendre un peu l'air. Dame Jaqueline ? Dame Jaqueline ?

SCENE II.

M. DUBUT, Dame JAQUELINE.

Dame JAQUELINE.

Qu'est-ce que vous voulez, Monſieur l'Avocat?

M. DUBUT.

Donnez-moi mes ſouliers.

Dame JAQUELINE.

Quoi! vous voulez ſortir? Il ne fait pas trop beau.

M. DUBUT.

Cela ne fait rien.

Dame JAQUELINE, *donnant les ſouliers.*

Les voilà, ils ſont tous prêts.

M. DUBUT.

Et mon habit, ma perruque? (*Il ſe chauſſe.*)

Dame JAQUELINE.

Tout eſt ici. Mais pourquoi ne pas reſter chez vous, plutôt?

M. DUBUT.

Parce que je veux m'aller promener un peu, pour me délaſſer de mon travail.

Dame JAQUELINE.

De votre travail ? & pourquoi tant travailler ?

M. DUBUT.

Il faut bien être utile au Public, tant
qu'on le peut.

Dame JAQUELINE.

Et vous vous tuez presque toujours pour
rien : à votre place, je ne travaillerois que
pour ceux qui me payeroient bien.

M. DUBUT.

Mais, Dame Jaqueline, il faut aider les
malheureux qui n'ont pas dequoi.

Dame JAQUELINE.

Oui, ceux-là : mais il vous vient tous les
jours des payſans, qui font les pauvres, pour
ne vous rien donner ; & vous êtes la dupe
de cela, vous.

M. DUBUT.

On n'eſt jamais dupe, en faiſant le bien.

Dame JAQUELINE.

C'eſt peut-être beau, ce que vous dites-là ;
mais cela ne rapporte rien. Pourquoi ne pas
faire comme vos Confreres ? Toutes les fois
qu'on vient les conſulter, ils attrapent tou-

jours quelque chofe, pied ou aîle, n'importe,
& voilà comme on fait une bonne maifon.

M. D U B U T.

Mais, j'ai affez de bien pour moi.

Dame J A Q U E L I N E.

On n'en a jamais trop, il faut amaffer ; on
ne fait pas ce qu'il peut arriver.

M. D U B U T.

Il ne faut pas fe méfier de la Providence,
Dame Jaqueline.

Dame J A Q U E L I N E.

Je fais bien qu'on dit cela ; mais il ne faut
pas refufer non plus ce qu'elle nous envoye ;
il ne faut pas jeter à fes pieds ce qu'on tient
dans fes mains.

M. D U B U T.

Oui, oui, vous avez raifon. Donnez-moi
mon habit.

Dame. J A Q U E L I N E.

Le voilà, le voilà. Vous ne ferez rien de
tout ce que je vous dis-là ?

M. DUBUT, *mettant fon habit.*

Si, fi, ne vous embarraffez pas. Ma cravate ?

Dame JAQUELINE.

La voilà. Dame ! c'eſt que ſi vous vouliez y penſer, je vous ferois faire meilleure chere.

M. DUBUT.

Si c'étoit aux dépens du pauvre, cela ne vaudroit pas la peine.

Dame JAQUELINE.

Du pauvre ? non pas du pauvre ; mais de ceux à qui vous faites gagner des procès.

M. DUBUT.

Il leur en coûte toujours aſſez. (*Il met ſa crayate.*)

Dame JAQUELINE.

Oui, voilà comme vous êtes ; vous n'en ferez rien.

M. DUBUT.

Je vous dis que ſi.

Dame JAQUELINE.

Mais quand ?

M. DUBUT.

Nous verrons.

Dame JAQUELINE.

Oui, oui, nous verrons.

M. DUBUT.

Ma perruque ?

Dame JAQUELINE.

La voilà. Promettez-moi donc.

M. DUBUT.

Hé bien ! je vous le promets. (*Il met sa perruque.*) Ma canne, mon chapeau ?

Dame. JAQUELINE.

Je vous le promets, je vous le promets. Je crains bien que ce ne soit pas. A beau prêcher, qui n'a cœur de bien faire. Où allez-vous ?

M. DUBUT.

Sur la place ; savoir s'il y a quelques nouvelles.

Dame JAQUELINE.

Revenez bientôt, & n'allez pas vous enrhumer, toujours.

M. DUBUT.

Non , non. S'il vient quelqu'un, faites attendre, je ne serai pas long-temps.

SCENE III.

Dame JAQUELINE.

C'est tout comme si l'on ne disoit rien. Il travaille & pourquoi faire ? Tous ces gens d'esprit-là sont plus bêtes ! Si on ne les gouvernoit pas, je ne sais pas comment ils feroient. Cela fait pitié ! Bon ! pendant que je m'amuse là à gémir, peut-être que mon bœuf à la mode ne cuit pas.

SCENE IV.

Dame JAQUELINE, GROS-PIERRE.

GROS-PIERRE.

Bonjour, Dame Jaqueline.

Dame JAQUELINE.

Ah ! vous êtes à la Ville, aujourd'hui, Gros-Pierre ?

GROS-PIERRE.

Oui, vraiment. Vous vous portez bien ?

Dame JAQUELINE.

Oui, assez bien, comme cela, tous les ans douze mois, comme on dit.

GROS-PIERRE.

Ah ! Dame ! écoutez donc, on n'eft pas
toujours de même ; il faut aller comme le
temps. Eh bien ! dires moi un peu ; eft-ce que
Monfieur l'Avocat n'eft pas ici ? j'ons affaire
à lui, & je ne venons que pour ça.

Dame JAQUELINE.

Il eft alé faire un tour ; il reviendra bientôt ; attendez-le.

GROS-PIERRE

Pardi ! il faut bien que je l'attende.

Dame JAQUELINE.

Eft-ce que vous avez un procès ?

GROS-PIERRE.

Oh ! non : mais j'ons envie de le confulter,
pour en avoir un ; c'eft un fi brave-homme,
que j'ons confiance en lui, voyez-vous.

Dame JAQUELINE.

Vous l'aimez, parce qu'il ne vous prend
pas d'argent, quand vous le confultez.

GROS-PIERRE.

Oh ! c'eft bien vrai. Je l'y en ont offert
pourtant une fois ; mais il n'a pas voulu :
il m'a dit, comme ça, allons, Gros-Pierre, je
ne veux point de ton argent, ne m'en parle

jamais : ton Pere étoit fermier du mien ; ainsi je ne prendrai rien de toi ; c'est-là un honnête-homme, cela, par exemple.

Dame JAQUELINE.

Oui, voilà comme il se ruine.

GROS-PIERRE.

Oh ! que non ; est-ce qu'il n'a pas une bonne ferme auprès de chez nous ?

Dame JAQUELINE.

Oui ; mais cela n'empêche pas que tout travail ne mérite salaire. Pourquoi ne posez-vous pas là votre paquet, au lieu de le garder sur votre épaule ?

GROS-PIERRE.

Cela n'est pas lourd.

Dame JAQUELINE.

Qu'est-ce que c'est donc ?

GROS-PIERRE.

Ce n'est rien.

Dame JAQUELINE.

Je crois que c'est un lievre ; car je vois des pattes qui passent.

GROS-PIERRE

Des pattes ?

Dame JAQUELINE.

Oui, ce font des pattes ; je ne me trompe pas, c'eft un lievre.

GROS-PIERRE.

C'eft une commiffion qu'on m'a chargé de faire.

Dame JAQUELINE.

Il les aime bien les lievres, Monfieur l'Avocat.

GROS-PIERRE.

Tout de bon ?

Dame JAQUELINE.

Oh ! quand je peux en avoir un, pour lui faire un civet, il eft enchanté.

GROS-PIERRE.

Et les aimez-vous, Dame Jaqueline ?

Dame JAQUELINE.

Oh ! mais il ne faut pas prendre garde à moi.

GROS-PIERRE.

Pourquoi ? Dites, dites, naturellement ? Avouez que vous mangeriez bien un bon civet de lievre.

Dame JAQUELINE.

Mais...

GROS-PIERRE.

Pourquoi ne pas dire sans façon ?

Dame JAQUELINE.

Oui, je l'aimerois bien.

GROS-PIERRE ; *il fait comme s'il alloit donner son lievre, & il se redresse.*

Vous l'aimeriez bien ? Et moi aussi.

Dame JAQUELINE, *à part.*

Hum ! le vilain trigaud !

SCENE V.

Dame JAQUELINE, GROS-PIERRE, VINCENT.

VINCENT.

Hè ! Gros-Pierre. Quoi que tu fais ici ? je t'ai vu entrer, & j'ai dit, comme ça, il faut que je lui demande s'il veut que nous nous en allions ensemble.

GROS-PIERRE.

M'attendras-tu ?

VINCENT.

Eh ! pardi ! sûrement, je t'attendrai.

Dame JAQUELINE.

Ah ! ça ! je vous laiſſe. Je m'en vais voir à mon ſouper. Aſſeyez-vous là.

GROS-PIERRE.

Allez, allez, ne vous embarraſſez pas de nous.

SCENE VI.

GROS-PIERRE, VINCENT.

VINCENT.

Eh ! dis donc, Gros-Pierre, eſt-ce que tu as un procès ?

GROS-PIERRE.

Non ; mais je veux en faire un à la veuve Mignot ; tu ſais bien qu'alle a t'un pré, tout près du nôtre.

VINCENT.

Oui ; mais ça n'eſt pas bian de vouloir l'avoir.

GROS-PIERRE.

Et ſon pere n'a-t-il pas eu, comme ça, un quartier de nos vignes ?

VINCENT.

VINCENT.

Mais, c'eſt différent.

GROS-PIERRE.

Je le ſais bien ; mais ſi Monſieur l'Avocat me le conſeille.

VINCENT.

Il ne conſeillera pas de dépouiller une veuve.

GROS-PIERRE.

Une veuve ne me fait pas plus de pitié qu'une autre ; alle n'a qu'à ſe remarier, alle ne ſera plus veuve.

VINCENT.

C'eſt vrai, ça ; mais il ne faut pas prendre le bien de ſon voiſin.

GROS-PIERRE.

Je ne le prendrai pas non plus ; c'eſt la juſtice qui me le donnera.

VINCENT.

Mais alle ne ſeroit plus une juſtice dans ce cas-là.

GROS-PIERRE.

Mais n'eſt-ce pas les Avocats & les Procu-reux, qui font la juſtice ? He bien ! eſt-ce qu'ils

Tome IV. H

ne pouvont pas vous faire avoir le bien que
vous voulez ?

VINCENT.

Dame ! je ne favons pas.

GROS-PIERRE.

Il ne faut donc pas parler. Enfin je veux
que Monfieur l'Avocat me baille cet avis-là,
vois-tu ? & s'il me le baille , je lui baillerai
un Lievre que j'ai apporté par exprès pour
cela; mais s'il me baille un autre avis, il n'aura
pas le Lievre, & je le mangerons, nous. Je le
vois, qui vient, je crois. Oui, c'eft ly-même.

VINCENT.

Je ne fais plus que te confeiller à préfent.

GROS-PIERRE.

Oh ! laiffe-moi faire ; tu vas voir, tu vas
voir.

SCENE VII.

M. DUBUT, GROS-PIERRE,
VINCENT.

M. DUBUT.

Au ! ah ! vous voilà à la Ville, Gros-
Pierre ?

GROS-PIERRE.

Oui, Monsieur l'Avocat, j'y venons, parce que j'ons une affaire de conséquence, où j'aurions grand besoin que vous me bailliez votre avis, voyais-vous.

M. DUBUT.

Eh bien! mon ami, tu n'as qu'à dire. Tu sais bien que j'aime à te faire plaisir.

GROS-PIERRE.

C'est aussi pour cela que je venons à vous, Monsieur l'Avocat.

VINCENT, *à Gros-Pierre.*

Il m'est avis qu'il faut que je m'en aille, je m'en vais t'attendre aux trois-Rois.

GROS-PIERRE.

Quand j'aurai fini, j'irai t'y trouver.

VINCENT.

Adieu, Monsieur l'Avocat.

M. DUBUT.

Adieu, mon ami, adieu.

SCENE VIII.

M. DUBUT, GROS-PIERRE.

M. DUBUT, *s'asseyant.*

ALLONS, Gros-Pierre, conte-moi ton affaire

GROS-PIERRE.

Vous saurez, Monsieur l'Avocat, qu'il y a, à côté de mon grand pré, un autre pré qui est à la veuve Mignot. Vous la connoissez, la veuve Mignot?

M. DUBUT.

Non.

GROS-PIERRE.

La veuve Mignot est la plus méchante femme du monde; alle dit que je recule tous les ans la borne qui nous sépare; & alle veut que je plantions une haye, pour n'avoir plus de dispute; moi je ne veux pas de haye, & je voudrois l'attaquer en justice, sur ce qu'alle dit que j'ai reculé la borne.

M. DUBUT.

Mais, il n'y a qu'à mesurer le terrain, & l'on verra bien si vous y avez touché.

GROS-PIERRE.

Je ne voulons pas qu'on le mefure , & je ne voulons pas qu'alle m'accufe de cela : c'eft pourquoi je voulons l'y faire un procès en réparation de dommages & intérêts , afin qu'on m'adjuge fon pré , pour que nous n'ayons pas des difputes.

M. DUBUT.

J'entends bien cela.

GROS-PIERRE.

Voilà ce que je voudrois que vous me confeilliez , Monfieur l'Avocat.

M. DUBUT.

Mais, Gros-Pierre , cela n'eft pas bien de vouloir avoir, comme cela , l'héritage de fon voifin.

GROS-PIERRE.

Je favons bien qu'on dira cela ; mais fi la Juftice me le donne, qu'eft-ce qu'il y aura à dire ?

M. DUBUT.

La Juftice ne te le donnera pas.

GROS-PIERRE.

Pardonnez-moi, il n'y a qu'à embrouiller tout cela de façon que cela finiffe comme

je le voulons ; vous comprenez bian, Monfieur l'Avocat?

M. DUBUT.

Je ne te confeillerai jamais de tenter un
procès injufte.

GROS-PIERRE.

Mais pourquoi ?

M. DUBUT.

Parce qu'il faut être honnête-homme,
d'abord.

GROS-PIERRE.

Mais, de tous les gens qui ont des procès,
il y en a toujours un qui perd.

M. DUBUT.

Sans doute.

GROS-PIERRE

Hé bien! fi la veuve Mignot perd, c'eft
tout ce que je veux.

M. DUBUT.

Oui ; mais fi tu perds, toi, comme cela
arrivera, tu payeras les frais, & tu diras que
je t'ai mal confeillé.

GROS-PIERRE.

Je dirai.... je dirai que vous n'avez pas
bien embrouillé l'affaire, comme je voulois,

parce que je fuis fûr qu'on pourroit me faire
avoir ce pré-là.

M. DUBUT.

Mais , je te dis que la Loi eſt contre toi.

GROS-PIERRE.

Mais il n'y a qu'à la retourner , elle ſera
pour moi.

M. DUBUT.

Tu n'y entends rien ; je ne te veux pas em-
barquer dans une mauvaiſe affaire : je crois
que c'eſt te donner un bon conſeil.

GROS-PIERRE.

Oui , un bon conſeil qui ne rapporte rien,
à quoi eſt-il bon ?

M. DUBUT.

A empêcher qu'on ne te mange inutilement.

GROS-PIERRE.

Voilà donc votre dernier mot , Monſieur
l'Avocat ?

M. DUBUT.
Oui , & celui que tu dois ſuivre.

GROS-PIERRE.

Si vous aviez voulu , vous auriez pu m'en
donner un autre , tant pis pour vous.

M. DUBUT.

Je ne veux pas te tromper. Jufqu'à préfent, ne t'ai-je pas bien conduit dans tes affaires?

GROS-PIERRE.

Cela eft vrai.

M. DUBUT.

Eh bien! de quoi te plains-tu?

GROS-PIERRE.

Oh! de rien. Vous n'avez rien à mander chez nous, Monfieur l'Avocat?

M. DUBUT.

Non, non, mon ami. Porte-toi bien.

GROS-PIERRE.

Je vous baille bian le bonjour.

SCENE IX.

M. DUBUT, Dame JAQUELINE.

Dame JAQUELINE.

Eu bien! Monfieur l'Avocat, vous avez vu Gros-Pierre?

M. DUBUT.

Oui.

Dame JAQUELINE.
Qu'eſt-ce qu'il vous vouloit ?

M. DUBUT.
Me conſulter ſur un procès, qu'il vouloit
avoir avec une de ſes voiſines.

Dame. JAQUELINE.
Lui avez-vous donne votre avis ?

M. DUBUT.
Oui.

Dame JAQUELINE.
Et qu'eſt-ce qu'il vous a donné, lui ?

M. DUBUT.
Rien.

Dame JAQUELINE.
Comment rien ? C'eſt donc là ce que vous
m'aviez promis.

M. DUBUT.
Mais que veux-tu ? Tu ſais bien que
Gros-Pierre....

Dame JAQUELINE.
Je ſais, je ſais qu'avec tout votre eſprit,
vous ne ſavez ce que vous faites ; ſi j'avois
été là ; j'aurois ſûrement eu un lievre qu'il
avoit.

M. DUBUT.
Il avoit un lievre ?

Dame JAQUELINE.

Affurément.

M. DUBUT.

Je ne l'ai pas vu.

Dame JAQUELINE.

Je le crois bien, & puis ce coquin-là fe
moque de vous, après cela.

M. DUBUT.

Je ne lui donne rien du mien.

Dame JAQUELINE.

Et votre peine ! votre fcience !... J'ai plus
de regrets à ce lievre-là !... où eft-il allé,
Gros-Pierre ?

M. DUBUT.

Il eft allé, aux trois-Rois, retrouver un de
fes amis.

Dame JAQUELINE.

Il y fera peut-être encore. Je veux abfolument avoir le lievre, où je ne demeurerai
plus avec vous.

M. DUBUT.

Quoi! vous voudriez me quitter, depuis
vingt-cinq ans que nous fommes enfemble?

Dame JAQUELINE.

Qu'eft-ce que j'y ai gagné? Faites-vous la

moindre chofe de ce que je veux ? Vous me
promettez tantôt, & puis vous n'y fongez pas
à la premiere occafion.

M. DUBUT.

Que voulez-vous ? je vous promets encore...

Dame JAQUELINE.

Oui, oui, promettre & tenir font deux.
Voilà qui eft fini, je m'en irai demain.

M. DUBUT.

Ah ! Dame Jaqueline...

Dame JAQUELINE.

Il n'y a point de Dame Jaqueline qui
tienne.

M. DUBUT.

Mais, comment faire ?

Dame JAQUELINE.

Je veux avoir le lievre, & tout-à-l'heure.
Voyez à vous arranger ; je ne me contente
pas de promeffes davantage, je veux des ef-
fets. Si vous voulez, je m'en vais dire à Gros-
Pierre que vous avez quelque chofe à lui dire.

M. DUBUT.

Si j'ai le lievre, notre paix fera donc faite ?

Dame JAQUELINE.

Oui, pour cette fois-ci.

M. DUBUT.

Fort-bien. Allez, allez le chercher.

Dame JAQUELINE.

Je le vois à la porte des trois-Rois. Je m'en vais l'appeller.

SCENE X.

M. DUBUT.

DAME JAQUELINE a raison; mieux on conseille les gens, & moins ils ont de reconnoiſſance. Si j'avois été de l'avis de Gros-Pierre, il m'auroit ſûrement donné ſon lievre. Puiſque cela fait tant de plaiſir à Dame Jaqueline, je m'en vais employer un moyen, qui, ſûrement, me réuſſira. Prenons un gros livre pour faire ſemblant de conſulter; il en ſera, ſûrement, la dupe. (*Il prend un grand livre, & il ſe met à lire.*)

SCENE XI.

M. DUBUT , Dame JAQUELINE,
GROS-PIERRE , VINCENT.

Dame JAQUELINE.

Tenez , Monſieur l'Avocat , le voilà
Gros-Pierre ; il n'étoit pas encore parti.

GROS-PIERRE.

Eſt-ce que vous avez quelque choſe à me
dire, Monſieur l'Avocat ?

M. DUBUT.

Eh! oui, vraiment, j'ai ſongé à ton affaire,
& j'ai trouvé ici....

GROS-PIERRE.

Quoi, Monſieur l'Avocat ?

M. DUBUT.

Que tu pourrois bien...

GROS-PIERRE.

A voir mon pré ?

M. DUBUT.

Oui, s'il n'y a jamais eu de haye qui ait
ſéparé ces deux héritages

GROS-PIERRE.

Non, Monſieur l'Avocat , je ſuis bien ſûr

qu'il n'y en a jamais eu, parce que le tout
appartenoit au même Maître ; c'est pourquoi
je pourrions demander ce qui est à la veuve
Mignot, mon pré étant plus grand que le
sien.

M. DUBUT.

Le tien est plus grand ?

GROS-PIERRE.

Oui.

M. DUBUT.

Il n'y a plus de difficultés.

GROS-PIERRE.

Tout de bon ! Monsieur l'Avocat, vous le
croyez ?

M. DUBUT.

Sans doute, & le procès se gagnera, parce
que le fort emporte le foible.

GROS-PIERRE.

C'est vrai, cela ; vous êtes un bien habile
homme !

M. DUBUT.

On ne voit pas tout d'un coup le pour &
le contre.

GROS-PIERRE.

Vincent ! je t'avois bien dit que ma cause

étoit bonne, tu n'entends rien aux affaires,
toi.

VINCENT

Eh bien! je ne le crois pas encore.

GROS-PIERRE.

Tu es bien obſtiné! tu ne mangeras pas de
mon lievre; car je m'en vais le donner à
Monſieur l'Avocat.

Dame JAQUELINE.

Qu'eſt-ce que vous dites, Gros-Pierre?

GROS-PIERRE.

Je dis que je donne ce lievre à Monſieur
l'Avocat. Prenez-le Dame Jaqueline. (*Il lui
donne.*)

Dame JAQUELINE.

Donnez, donnez. (*Elle l'emporte, & elle
revient.*)

M DUBUT.

Ah! ça! écoutez-moi, Gros-Pierre; je vois
que vous aimez les bons conſeils.

GROS-PIERRE.

Eh! pardi! je vous le demande? il n'y a
que ceux-là.

M DUBUT

C'eſt donc ceux-là qu'il faut payer, & non pas les autres.

GROS-PIERRE.

C'eſt ce que je vous diſons.

M DUBUT.

Eh bien ! c'eſt le premier que je vous ai donné, qui étoit le bon, & non pas le ſecond.

GROS-PIERRE.

Quoi ! celui de ne pas plaider ?

M DUBUT.

Sans doute.

GROS-PIERRE.

Quoi ! le plus fort ?…

M DUBUT.

Eſt ſouvent le plus injuſte.

GROS-PIERRE.

Mais l'adreſſe, l'habileté, la ruſe…

M DUBUT.

Fait des dupes.

VINCENT

Je te l'avois bien dit, Gros-Pierre.

GROS-PIERRE.

Tais-toi.

Dame

Dame JAQUELINE.

Si tu ne t'étois pas moqué de moi, tantôt, avec ton lievre, nous ne nous moquerions pas de toi, à préfent.

GROS-PIERRE.

Je parie que c'eft vous, Dame Jaqueline, qui avez confeillé à Monfieur l'Avocat de me faire ce tour-là.

Dame JAQUELINE.

Eh bien! c'eft vrai, Gros-Pierre.

M. DUBUT.

Tu en es quitte à meilleur marché, que fi tu plaidois.

GROS-PIERRE.

Oh! je n'en fuis pas fâché, à caufe de vous, mais à caufe d'elle.

VINCENT.

Moi, j'en fuis bien-aife, parce que tu n'as pas voulu me croire. Allons, allons-nous en.

M. DUBUT.

Adieu, mes amis, votre ferviteur.

GROS-PIERRE.

Adieu, Monfieur l'Avocat, je ne croirons plus jamais que votre premiere parole. (*Ils fortent.*)

Tome IV.   I

Dame JAQUELINE.

Vous voyez bien que j'avois raison, Monsieur l'Avocat.

M. DUBUT.

Oui ; mais vous m'avez fait mentir , je n'aime pas cela. Allons souper. (*Ils sortent.*)

Fin du cinquante-unième Proverbe.

LES BONS,

CINQUANTE-DEUXIÈME PROVERBE.

PERSONNAGES.

M. DEGRANTIER , *Financier. Habit brun , brodé , veste d'or.*

Mad. DEVILLEMARE, *femme de M. Degrantier. En robe du matin , avec un collet monté.*

M. DUPONT, *Secretaire de M. Degrantier. Habit & veste grise , galonné d'un petit galon d'or.*

L'ABBÉ DE LA SOURDIERE. *En habit noir , manteau , rabat , & bien poudré.*

M. DESPRÉS, *Employé de Chartres. Habit anglois brun , à boutons plats , veste verte , avec un petit galon d'or.*

M. DEMERIN , *Commis. Habit de petit velours , complet , boutons d'or.*

DUBOIS. *Habit rouge, complet, à boutons d'or.*

LAFOND. *Habit gris, complet, à boutons d'or.*

DEL'ISLE, *Valet-de-Chambre de M. Degrantier. Habit gris-de-fer, galonné d'or, veste d'or.*

M. HOCHEPOT, *Maître-d'Hôtel de M. Degrantier. Habit verd , grand galon d'or, veste d'or*

La Scène est dans le Cabinet de M. Degrantier.

LES BONS,
PROVERBE.

SCENE PREMIERE.

M. DEGRANTIER , M. DUPONT.

M. DEGRANTIER , *en entrant avec des papiers à la main.*

Ah ! vous êtes ici, Monsieur Dupont , je vous faisois chercher par-tout.

M. DUPONT.
Il y a une demi-heure que j'attends.

M. DEGRANTIER.
Ah ! ça ! cette saisie, il faudra la faire rendre.

M. DUPONT.
Mais, Monsieur, c'est la seconde fois que ces gens-là sont pris en flagrant délit.

I iij

M. DEGRANTIER.

On n'en fait rien , ainfi n'en parlez pas.

M. DUPONT.

Je fais bien que Madame votre mere s'in-
térelle pour eux ; & je lui ai dit qu'ils n'étoient
pas dans le cas qu'on leur fît de grace.

M. DEGRANTIER.

Vous avez bien fait ; mais Madame de
Franville m'a dit qu'elle fe brouilleroit avec
moi, fi je ne finiffois pas cela, comme elle le
defire ; ainfi , vous voyez bien....

M. DUPONT.

Il n'y aura qu'à faire accroire à Madame
votre mere que c'eft à fa confidération.

M. DEGRANTIER.

Sans doute.

M. DUPONT.

Monfieur veut-il figner cette délibération
d'hier ?

M. DEGRANTIER.

Oui , donnez. (*Il figne.*)

M. DUPONT.

J'ai répondu au Receveur d'Etampes , qu'il
faut qu'il faffe des pourfuites.

M. DEGRANTIER.

Il faut ajoûter, fans quoi il fera caffé.

M. DUPONT.

Je l'ai mis auffi.

M. DEGRANTIER.

Avez-vous les deux bons pour cet Entrepôt de tabac, & le Grenier à fel ?

M. DUPONT.

Oui, Monfieur, les voilà.

M. DEGRANTIER.

C'eft très-bien.

M. DUPONT.

Si Monfieur vouloit donner l'Entrepôt de
tabac à mon Frere.

M. DEGRANTIER.

Votre frere ? Mais je l'ai placé.

M. DUPONT.

Oui, Monfieur ; mais il n'a que huit cents
francs.

M. DEGRANTIER.

Il eft encore bien-heureux.

M. DUPONT.

Mais, Monfieur, à moi , il y a long-temps
que vous m'en promettez un.

M. DEGRANTIER.

Nous verrons cela, une autre fois. Eſt-ce que vous voulez me quitter ?

M. DUPONT.

Non, Monſieur, aſſurément ; mais je le ferois exercer.

M. DEGRANTIER.

Cela ne ſe peut pas, il faut exercer ſoi-même.

M. DUPONT.

Mais, Monſieur, il y a des exemples...

M. DEGRANTIER.

Oui, autrefois ; mais, à préſent, cela ne ſe fait plus.

M. DUPONT.

Mais, le Grenier à ſel ? Mon pere eſt dans cette Ville-là, & en le mettant ſous ſon nom...

M. DEGRANTIER

Votre pere ? votre pere n'entend rien à ces affaires-là.

SCENE II.

M. DEGRANTIER, L'ABBÉ, M. DUPONT.

DEL'ISLE, *annonçant.*

Monsieur l'Abbé de la Sourdiere.

M. DEGRANTIER.

Ah ! Monsieur l'Abbé, je suis charmé de vous voir.

L'ABBÉ.

J'avois peur de ne pas vous trouver.

M. DEGRANTIER.

Je devois sortir, ce matin ; mais une affaire que j'avois, est remise ; j'en suis bien aise, parce que j'ai l'honneur de vous voir.

L'ABBÉ.

C'est que j'ai une grande affaire à vous communiquer : c'est de la Vicomtesse ; elle vouloit venir elle-même ; mais elle a été obligée d'aller à Versailles.

M. DEGRANTIER

Qu'est-ce que c'est ?

L'ABBÉ.

C'est pour un homme qu'elle protége beau-

coup ; vous lui ferez le plus grand plaifir, fi
vous pouvez lui donner un Entrepôt de tabac,
ou un Grenier à fel, qui eft dans votre Département. Voilà fon mémoire ; vous verrez
les droits de cet homme-là ; elle ne demande
pas à propos de rien.

M. DEGRANTIER.

Je n'ai pas befoin de voir : ces deux emplois
ne font pas de mon Département, & je n'y
peux rien du tout.

L' A B B É.

On lui avoit pourtant dit que cela vous
regardoit.

M. DEGRANTIER.

Je le voudrois très-fort, je ferois enchanté
de pouvoir lui faire ce plaifir-là, ainfi qu'à vous.

L' A B B É.

Quoi, ni l'un ni l'autre ?

M. DEGRANTIER.

Ni l'un ni l'autre.

L' A B B É.

Elle y compte, pourtant.

M. DEGRANTIER.

J'en fuis défefpéré.

L'ABBÉ.

Elle se plaint déja beaucoup de vous, au moins.

M. DEGRANTIER.

De moi ?

L'ABBÉ.

Oui, vraiment ; elle dit que vous la négligez depuis quelque temps.

M. DEGRANTIER.

Elle est bien-bonne ; j'aurai l'honneur de lui aller faire ma cour, incessamment.

L'ABBÉ.

Je lui dirai donc que cela ne vous regarde pas.

M. DEGRANTIER.

Si vous voulez bien. Où allez vous donc, Monsieur l'Abbé ? Est-ce que vous ne dînez pas ici ?

L'ABBÉ.

Non, je ne peux pas avoir cet honneur-là, aujourd'hui.

M. DEGRANTIER.

Mais, quand vous verra-t-on ?

L'ABBÉ.

Sûrement demain ou après. Ah ! ça ! vous êtes en affaire ; laissez-moi aller.

M. DEGRANTIER.

Vous le voulez?

L'ABBÉ.

Vous vous moquez de moi.

M. DEGRANTIER.

Ne m'oubliez pas.

L'ABBÉ.

Non, non.

SCENE III.

M. DEGRANTIER, M. DUPONT.

M. DEGRANTIER.

Ou en étions-nous? Ah! ces deux Cavaliers qui ont été pris avec du tabac?

M. DUPONT.

Monsieur, voilà le procès-verbal.

M. DEGRANTIER.

Allons, il faut écrire au Major. Savez-vous où est le Régiment?

M. DUPONT.

Non, Monsieur.

M. DEGRANTIER.

Vous vous en informerez.

M. DUPONT.

Oui, Monfieur.

M. DEGRANTIER.

Il faut répondre à Monfieur Delorme, à propos. Écrivez. Ne manquez pas, Monfieur, fi-tôt la préfente reçue.

M. DUPONT, *écrivant.*

Reçue?

M. DEGRANTIER.

Reçue, de faire faire l'état que vous me propofez.

SCENE IV.

M. DEGRANTIER, M. DUPONT, DE L'ISLE.

DE L'ISLE.

Monsieur, il y a là un* Employé de Chartres, qui demande à vous parler.

M. DEGRANTIER.

Savez-vous ce qu'il veut?

DE L'ISLE.

Non, Monfieur; il dit que c'eft quelque chofe de très-preffé.

M. DEGRANTIER.

Faites-le entrer.

DE L'ISLE.

Entrez, Monsieur.

SCENE V.

M. DEGRANTIER, M. DUPONT, M. DESPRÉS.

M. DEGRANTIER.

Eh bien! Monsieur, qu'est-ce qu'il y a? pourquoi venez-vous à Paris sans congé?

M. DESPRÉS.

Monsieur, c'est que je viens vous demander vos bontés.

M. DEGRANTIER.

Pourquoi faire?

M. DESPRÉS.

C'est que si Monsieur vouloit....

M. DEGRANTIER.

Parlez donc.

M. DESPRÉS.

Le Grenier à sel d'Épernon est vacant, & il ne dépendroit que de Monsieur de faire ma fortune.

M. DEGRANTIER.
Cela ne se peut pas.

M. DESPRÉS.
Mais, Monsieur, considérez...

M. DEGRANTIER.
Allons, Monsieur Dupont, où en sommes-nous ?

M. DUPONT, *lisant.*
De faire faire l'état que vous me proposez

M. DEGRANTIER.
Que vous me proposez dans votre lettre du 21 de ce mois.

M. DESPRÉS.
Si j'osois, Monsieur...

M. DEGRANTIER.
Allons, en voilà assez.

M. DESPRÉS.
Mais, Monsieur, si Monsieur vouloit se ressouvenir que j'ai eu une fois le bras cassé par des Contrebandiers, & que j'ai été encore une autre fois blessé...

M. DEGRANTIER.
Vous avez eu une gratification.

M. DESPRÉS.
Il est vrai, Monsieur, aussi je ne me plains pas.

M. DEGRANTIER.

Après, Monsieur Dupont?

M. DUPONT.

Dans votre lettre du 21 de ce mois.

M. DEGRANTIER.

Du 21 de ce mois; parce qu'en conséquence je ferai délibérer.

M. DESPRÉS.

Monsieur...

M DEGRANTIER.

Je vous dis encore une fois que cela ne se peut pas; & je vous conseille de vous en aller tout de suite, sans quoi on vous apprendra à venir à Paris, sans congé.

M. DESPRÉS.

Monsieur, j'espere que vous me pardonnerez.

M. DEGRANTIER.

Oui; mais que cela ne vous arrive plus. Allons, adieu.

M. DESPRÉS.

Monsieur, je suis bien fâché...

M. DEGRANTIER.

Allons, allons, c'est bon.

SCENE

SCENE VI.

M. DEGRANTIER, Mad. DEVILLE-
MARE, M. DUMONT, DEL'ISLE.

DEL'ISLE.

Madame de Villemare.

Mad. DEVILLEMARE.

Ah! mon frere, je suis charmée de vous
trouver.

M. DEGRANTIER.

Moi, je suis bien aise de voir que vous vous
portez bien, à présent.

Mad. DEVILLEMARE.

Ah! ne parlez pas de cela; je suis dans un
état affreux, depuis huit jours; j'arrive de la
campagne, pour voir ce que je ferai à mes nerfs.

M. DEGRANTIER.

Comment! est-ce que la campagne ne vous
a pas fait de bien?

Mad. DEVILLEMARE.

Non, vraiment, au contraire.

M. DEGRANTIER.

C'est que vous vous êtes toujours cou-
chée au jour, je le parierois.

Tome IV.   K

Mad. DEVILLEMARE.

Eh bien! oui; mais je ne peux pas faire autrement; ne parlons plus de cela.

M. DEGRANTIER.

Je n'en parlerai pas fi vous voulez; mais fi vous vous couchiez comme moi, à minuit, vous verriez que vous vous porteriez à merveille. Je le difois encore hier à votre mari.

Mad. DEVILLEMARE.

Si vous m'aimiez, voilà ce que vous ne lui diriez pas.

M. DEGRANTIER.

Mais je vous demande pardon : c'eft parce que je vous aime.

Mad. DEVILLEMARE.

Nous allons le voir; car je viens vous demander de me faire un plaifir.

M. DEGRANTIER.

Qu'eft-ce que c'eft ?

Mad. DEVILLEMARE.

Vous connoiffez la Marquife de Courciere?

M. DEGRANTIER.

Oui.

Mad. DEVILLEMARE.

Vous favez comme nous nous aimons?

M. DEGRANTIER.
Oui , comme les femmes s'aiment.
Mad. DEVILLEMARE.
Vous ne le croyez pas ; cependant rien n'eſt
plus vrai, je l'aime beaucoup, moi. Il y a un
homme, pour qui elle s'intéreſſe vivement ; je
me ſuis chargée de vous demander , pour lui,
un Entrepôt de tabac qui eſt vacant, & que
vous....
M. DEGRANTIER.
Il eſt donné.
Mad. DEVILLEMARE.
Mais il y a un Grenier à ſel ?
M. DEGRANTIER.
Tout cela eſt donné.
Mad. DEVILLEMARE.
Mais ſon pere doit vous écrire auſſi.
M. DEGRANTIER.
Le Pere de la Marquiſe ?
Mad. DEVILLEMARE.
Oui, vous ne pouvez pas le refuſer.
M. DEGRANTIER·
Pourquoi cela ? Il n'eſt plus en place.
Mad. DEVILLEMARE.
Ah ! mon frere.... un homme comme
lui !

K ij

M. DEGRANTIER.

Mais, Madame, je ne peux pas faire l'impoſſible.

Mad. DEVILLEMARE.

Ma mere vous en parlera, je vous en avertis.

M. DEGRANTIER.

Ma mere me tourmente toujours; tenez: Monſieur Dupont peut vous dire qu'il y a deux des ſes Protégés, à qui je ſauve aujourd'hui les galeres.

Mad. DEVILLEMARE.

Bon, voilà une belle miſere! mon Frere, ſi vous pouviez, vous me feriez plaiſir; d'ailleurs vous connoiſſez celui pour qui nous demandons.

M. DEGRANTIER.

Qui eſt-ce?

Mad. DEVILLEMARE.

Monſieur Demérin.

M. DEGRANTIER.

Demérin?

Mad. DEVILLEMARE.

Oui, il eſt là, dans votre antichambre.

M. DEGRANTIER.

Ah bien! j'arrangerai cela avec lui.

Mad. DEVILLEMARE.

Je vous en aurai la plus grande obligation.

M. DEGRANTIER.

Ne vous inquiétez pas.

Mad. DEVILLEMARE.

C'eſt charmant à vous. Je m'en vais, en ce cas-la.

M. DEGRANTIER.

Pourquoi ne dînez-vous pas ici ?

Mad. DEVILLEMARE

Eſt-ce que je dîne ?

M. DEGRANTIER.

Vous avez tort.

Mad. DEVILLEMARE.

Oui , avec mon eſtomach. Ah ! ça ! adieu , mon frere. Embraſſez-moi donc. (*Elle l'embraſſe.*) Quand eſt-ce que je vous verrai ?

M. DEGRANTIER.

Ce ſoir ou demain. (*Il la reconduit.*) Monſieur Demérin, entrez un peu ici.

SCENE VII.

M. DEGRANTIER , M. DEMÉRIN,
M. DUPONT.

M. DEMÉRIN.

Monsieur, Madame votre Sœur a eu
la bonté de vous parler en ma faveur.

M. DEGRANTIER.

Oui, oui; mais je voudrois bien ſavoir à
propos de quoi vous vous aviſez de me faire
parler, comme cela, par tout le monde.

M. DEMÉRIN.

Monſieur; c'eſt que je n'ai ôſé vous parler
moi-même.

M. DEGRANTIER.

Et vous avez bien fait, Monſieur. Je trouve
votre demande fort extraordinaire.

M. DEMÉRIN.

Comment , Monſieur?...

M. DEGRANTIER.

Il me ſemble que vous deviez être content
de l'emploi que vous avez.

M. DEMÉRIN.

Monſieur, ce ſont ces Dames qui veulent

bien s'intéreſſer à moi, & qui ont cru que vous voudriez bien me protéger.

M. DEGRANTIER.

Je vous protégerai auſſi ; mais c'eſt pour vous conſerver ce que vous avez : & je vous défends de jamais penſer à autre choſe.

M. DEMÉRIN.

Monſieur, je n'ai pas cru....

M. DEGRANTIER.

Il n'eſt pas queſtion de cela, Monſieur, je vous le dis très-ſérieuſement.

M. DEMÉRIN.

Cela ſuffit, Monſieur.

M. DEGRANTIER.

Penſez-y, & qu'il ne me vienne plus de re-commandation à votre ſujet : allons, voilà qui eſt fini.

M. DEMÉRIN.

Monſieur, comme vous voudrez. (*Il ſort.*)

M. DEGRANTIER.

Ces Meſſieurs-là ne ſont jamais contens : avec douze cens francs ; il me ſemble qu'il y a, pourtant, bien dequoi vivre !

SCENE VIII.

M. DEGRANTIER, M. DUPONT,
DEL'ISLE.

DEL'ISLE.

Monsieur, il y a là Monsieur Dubois
& un de ses parens.

M. DEGRANTIER.

Qu'est-ce que c'est que Monsieur Dubois?

DEL'ISLE.

C'est le valet-de-chambre de Madame de
Franville.

M. DEGRANTIER.

Faites-le entrer.

SCENE IX.

M. DEGRANTIER, M. DUPONT,
DEL'ISLE, DUBOIS, LAFOND.

M. DEGRANTIER.

Qu'est-ce qu'il y a, Monsieur Dubois?

DUBOIS.

Monsieur, Madame de Franville vous fait

bien fes complimens ; & voilà une lettre qu'elle m'a chargé de vous remettre.

M. DEGRANTIER.

Ah ! ah ! voyons. (*Il lit la lettre.*)

DUBOIS.

Voilà auffi Monfieur Delafond, le frere de Mademoifelle Julie, qu'elle vous recommande.

M. DEGRANTIER, *lifant.*

C'eft le frere de Mademoifelle Julie ?

DUBOIS.

Oui, Monfieur, la femme-de-chambre de Mademoifelle.

M. DEGRANTIER, *lifant.*

Ah ! je fuis bien aife de lui faire plaifir, ainfi qu'à vous, Monfieur Dubois.

DUBOIS.

Monfieur, nous vous ferons très-obligés.

M. DEGRANTIER.

Monfieur Dupont, mettez le nom de Monfieur Dubois, au Bon pour l'Entrepôt de tabac ; & à celui du Grenier à fel, celui de Monfieur....

LAFOND.

Delafond, Monfieur, à vous fervir.

M. DEGRANTIER.

Vous direz à Madame de Franville, que je ne lui écris pas ; mais que j'aurai l'honneur de la voir, ce soir.

DUBOIS.

Monfieur, je n'y manquerai pas.

M. DUPONT.

Monfieur, c'eft fini. (*Il donne les Bons à M. Degrantier.*)

M. DEGRANTIER, *donnnant les Bons à Dubois & Lafond.*

Tenez, Meffieurs. Ah ! ça ! j'efpere que vous vous comporterez bien.

DUBOIS.

Ah ! Monfieur, vous pouvez en être bien fûr.

M. DEGRANTIER·

Allons, je fuis charmé de vous avoir fait plaifir.

DUBOIS.

Nous vous avons bien de l'obligation, & nous ne l'oublierons jamais

M. DEGRANTIER.

C'eft très-bien. Adieu, adieu.

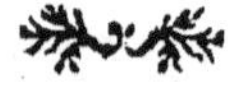

S C E N E X.

**M. DEGRANTIER, M. DUPONT,
M. HOCHEPOT.**

M. H O C H E P O T.

Monsieur est servi.

M. D E G R A N T I E R.

Allons, Monsieur Dupont, allez-vous-en
dîner; nous acheverons cela tantôt. Revenez
de bonne heure.

M. D U P O N T.

Oui, Monsieur. (*Ils s'en vont.*)

Fin du cinquante-deuxième Proverbe.

L'AVOCAT

CONSULTANT,

CINQUANTE-TROISIEME PROVERBE.

PERSONNAGES.

M. GALAND DE LA RIVERIE, *Avo-*
cat. Habit noir, perruque à nœuds, chapeau.

M. DE SAINT-HILAIRE, } *Officiers d'In-*
} *fanterie. En*
M. DE CACHANT, } *uniforme.*

BENOIT, *Laquais de M. Galand de la Ri-*
verie. Habit brun, boutons d'or.

La Scène est chez M. Galand de la Riverie,
dans son Cabinet.

L'AVOCAT
CONSULTANT,
PROVERBE.

SCENE PREMIERE,

M. DE CACHANT, M. DE S. HILAIRE.

M. DECACHANT.

Qu'est-ce que tu viens donc faire ici,
S.. Hilaire ?

M. DE S. HILAIRE.

Je viens confulter M. Galand de la Riverie,
fur une affaire.

M. DECACHANT.

Parbleu ! je te plains d'être entre fes mains,

car il ne finit rien : je fuis bien fâché de l'avoir pour Avocat.

M. DE S. HILAIRE.

Mon affaire à moi ne fera pas longue ; ce ne fera qu'une confultation.

M. DECACHANT.

On ne le trouve jamais chez lui.

M. DE S. HILAIRE.

Je fais bien où il va ; mais ne t'embarraffe pas ; je ne crois pas qu'il y retourne davantage.

M. DECACHANT.

On dit qu'il eft amoureux d'une Demoifelle.

M. DE S. HILAIRE.

C'eft cela même.

M. DECACHANT.

Tu la connois peut-être ?

M. DE S. HILAIRE.

Beaucoup.

M. DECACHANT.

Je t'entends.

M. DE S. HILAIRE.

Je crois avoir imaginé un moyen pour cela.

M.

LES
DÉSESPÉRÉS
DE
L'OPÉRA,

CINQUANTE-QUATRIÈME PROVERBE.

Tome IV.   M

PERSONNAGES.

M. SANGLIER. *Habit noir, perruque blonde, chapeau sous le bras.*

M. PILLIER. *Habit gris, veste d'or, perruque brune, chapeau sous le bras & canne.*

M. POINT-DU-TOUT. *Habit de ratine, surtout de velours noir, perruque en bourse, collier noir, épée & chapeau.*

M. QU'IMPORTE. *Habit verd, galonné, chapeau, épée & canne.*

LE GARÇON Cafetier. *Veste noire, mauvaise perruque, tablier.*

La Scène est dans un Caffé.

LES DÉSESPÉRÉS DE L'OPÉRA,

PROVERBE.

SCENE PREMIERE.

M. PILLIER, LE GARÇON.

M. PILLIER.

Garçon?

Le GARÇON.

Monfieur Pillier, qu'eft-ce qu'il y a pour votre fervice?

M. PILLIER.

Monsieur Sanglier, est-il venu ici aujourd'hui ?

Le GARÇON.

Non, Monsieur, pas encore.

M. PILLIER.

Et a-t-on dit quelques nouvelles ce matin ?

Le GARÇON.

Non, Monsieur.

M. PILLIER.

Quoi ! rien du tout ?

Le GARÇON.

Pardonnez-moi ; le feu a été dans une cheminée ici près, hier au soir.

M. PILLIER.

Bon, le feu dans une chéminée !

Le GARÇON.

Mais, Monsieur, il étoit bien fort.

M. PILLIER.

Voilà quelque chose de rare !

Le GARÇON.

Mais c'est que si le feu avoit gagné ; tout le quartier auroit été brûlé.

M. PILLIER.

Oui, avec les pompes qu'il y a à préfent, comment voulez-vous que cela arrive?

Le GARÇON.

Oh! il eft vrai qu'il n'y a plus rien à craindre.

M. PILLIER.

Il y a des chofes bien plus intéreffantes que tout cela. Avez-vous entendu parler de l'Opéra?

Le GARÇON.

De l'Opéra?

M. PILLIER.

Oui, de l'Opéra?

Le GARÇON.

Oui, Monfieur, on dit qu'il y en a un nouveau.

M. PILLIER.

Je le fais parbleu bien; on ne veut pas donner des anciens.

Le GARÇON.

Mais les nouveaux ne dureront-ils pas da-vantage?

M. PILLIER.

Eh non, vraiment! malheureux Opéra! & perfonne n'y penfe!

Le GARÇON.

Ah ! tenez, Monsieur , voilà Monsieur Sanglier, que vous demandiez.

M. PILLIER.

Monsieur Sanglier ?

Le GARÇON.

Oui, Monsieur ,

M. PILLIER.

Nous allons voir ce qu'il nous dira.

Le GARÇON.

Vous ne voulez rien, à présent, Monsieur ?

M. PILLIER.

Non , non.

SCENE II.

M. SANGLIER, M. PILLIER.

M. SANGLIER.

Ah ! bon jour, Monsieur Pillier.

M. PILLIER.

Eh bien ! Monsieur Sanglier, cette voix que vous disiez que nous aurions ?

M. SANGLIER.

Je n'en ai pas entendu dire la moindre

chofe, que ce que l'on nous en a dit avant-hier.

M. PILLIER.

Et vous ne vous en êtes pas informé depuis ?

M. SANGLIER.

Je n'en fais pas davantage : les uns me difent qu'elle eft au concert de Lion , d'autres, à Rouen, cela n'eft pas clair & c'eft dommage ; car on prétend que c'étoit la même voix , précifément, que celle de Mademoifelle le Maure.

M. PILLIER.

Il faudroit donc qu'on y envoyât.

M. SANGLIER.

La moitié des gens difent que l'on n'a pas befoin de ces voix-là , qu'elles ne favent que crier , & qu'elles ne chantent point.

M. PILLIER.

Voilà comme l'Opéra françois , la gloire de la Nation , fe perdra ! eft-ce que vous ne voyez pas cela ?

M. SANGLIER.

Eh ! je ne le vois que trop.

M. PILLIER.

Il faudroit donc fonger à y remédier.

M iv

M. SANGLIER.

J'y songe aussi ; mais cette diable de Musique d'Opéra-Comique, nous écrasera tôt ou
tard.

M. PILLIER.

Il faut pourtant prendre un parti, il n'y a
pas à balancer.

M. SANGLIER.

Si l'on pouvoit donner des Opera de Lully,
il n'est pas douteux que nous reprendrions
bientôt le dessus, jen suis bien sûr, moi.

M. PILLIER.

Qu'on nous donne du Rameau seulement,
allons je le veux bien, je le leur passe.

M. SANGLIER.

Du Rameau !

M. PILLIER.

Oui, Monsieur ; c'est toujours du véritable Opéra.

M. SANGLIER.

Si vous voulez.

M. PILLIER.

Il ne faut pas être si difficile.

M. SANGLIER.

Il est vrai qu'il y a du récitatif.

M. PILLIER.

Et de belles ſcenes !

M. SANGLIER.

Pas tant que dans Lully, voilà le vrai goût François & que je voudrois bien voir renaître, ſans cela nous ſommes perdus.

M. PILLIER.

L'es Ballets nous écraſeront tout-à-fait, Monſieur, quand la Muſique nouvelle ne prendroit pas le deſſus.

M. SANGLIER.

Comment faire donc ?

M. PILLIER.

Je n'en ſais rien

M. SANGLIER.

Il n'y a preſque plus de gens de notre parti.

M. PILLIER.

On ne veut que des Ariettes.

M. SANGLIER.

Et de la Danſe.

M. PILLIER.

Je cherche, depuis long-temps, quelque moyen de remédier à tout cela.

M. SANGLIER.

Et moi, donc? Je ne reste pas les bras croisés. Croyez-vous que je ne gémisse pas de cette décadance du goût?

M. PILLIER.

Armide avoit réussi.

M. SANGLIER.

J'en espérois beaucoup.

M. PILLIER.

Il faudroit redonner Armide.

M. SANGLIER.

Sans doute; mais faites entendre cela à tout Paris.

M. PILLIER.

Ils aimeront mieux tout perdre.

M. SANGLIER.

Ils nous proposeront de mettre l'Opéra-Comique à l'Opéra, & d'y joindre des Ballets.

M. PILLIER.

Il ne faut pas le souffrir.

M. SANGLIER.

J'y suis bien résolu.

M. PILLIER.

Mais, comment l'empêcher?

M. SANGLIER.

Emparez-vous du Parterre.

M. PILLIER.

Il n'y a plus perſonne de goût.

M. SANGLIER.

Et dans le foyer ?

M. PILLIER.

On y vient parler nouvelles & chevaux pendant les Scenes, & l'on n'en ſort que pour les Ballets.

M. SANGLIER.

On ne penſe ſérieuſement à rien, à préſent.

M. PILLIER.

Il n'y a que vous & moi qui nous occupions de cela.

M. SANGLIER.

Oui, mais nous y rêvons en vain ; l'Opéra ſera détruit malgré nous.

M. PILLIER.

Voilà Monſieur Qu'importe, il faudroit le gagner, lui qui voit beaucoup de monde.

M. SANGLIER.

Bon ! il ne ſe ſoucie de rien.

M. PILLIER.

Il faut eſſayer ; l'Opéra ne ſauroit lui être indifférent, il n'en manque pas un.

M. SANGLIER.

Eh bien ! voyons.

M. PILLIER.

Laissez-moi faire.

SCENE III.

M. QU'IMPORTE, M. PILLIER, M. SANGLIER.

M. PILLIER.

On voit bien qu'il n'y a pas d'Opéra, Monsieur, aujourd'hui, sans quoi on ne vous verroit sûrement pas ici.

M. QU'IMPORTE.

Qu'importe ? Moi, je vais à l'Opéra, aux Italiens, aux François, cela m'est égal.

M. SANGLIER.

Mais s'il n'y avoit pas d'Opéra, cependant, vous en seriez fâché ?

M. QU'IMPORTE.

Qu'importe ? Il y auroit autre chose, ou bien j'irois à la promenade ces jours-là, ou je ferois des visites.

M. PILLIER.

Mais vous n'entendriez plus de bonne musique françoise.

M. QU'IMPORTE.

Qu'importe ? j'entendrois toujours de la Mufique.

M. SANGLIER.

Quoi ! de la mufique d'Opéra-Comique ?

.M QU'IMPORTE.

Qu'importe ? Si elle me fait plaifir.

M. PILLIER.

Mais, c'eft qu'il n'y a pas là de grandes voix.

M. QU'IMPORTE.

Qu'importe ? pourvu qu'on les entende, voilà tout ce qu'il faut.

M. SANGLIER.

C'eft vrai ; cependant il feroit fâcheux de perdre ces beaux récitatifs de Lully.

M. QU'IMPORTE.

Qu'importe ? n'avons-nous pas le récitatif obligé ?

M. PILLIER.

Ce n'eft pas la même chofe.

M. QU'IMPORTE.

Qu'importe ? quand on ne fe connoît pas en mufique.

M. SANGLIER.

Sans doute ; mais je ne penfe pas que vous ne vous y connoiffiez point.

M. QU'IMPORTE.

Qu'importe? que vous le pensiez ou non? Cela n'en est pas moins vrai.

M. PILLIER.

C'est une plaisanterie, & si vous ne vous connoissiez pas en musique, vous ne viendriez pas tous les jours à l'Opéra.

M. QU'IMPORTE.

Qu'importe? Moi j'y vais pour voir le monde, pour causer ou me chauffer.

M. SANGLIER.

Quoi, Monsieur! vous nêtes pas affligé de voir qu'un Opéra est, à présent, presque tout sans paroles?

M. QU'IMPORTE.

Qu'importe? Je ne les ai jamais entendues.

M. PILLIER.

Comment! vous causiez donc pendant qu'on chantoit? Vous ne pouviez pas prendre d'intérêt au Poëme.

M. QU'IMPORTE.

Qu'importe? Je n'ai que faire d'aller m'intéresser à tout cela, je sais seulement, en gros, qu'il y a deux Amans persécutés par deux personnes qui s'entendent ensemble, pendant toute la Piece, pour les tourmenter ; mais qu'à la fin il viendra un Dieu qui racommodera tout, & que l'on danfera une Chaconne.

M. SANGLIER.

Et fi l'on n'en danfoit pas ?

M. QU'IMPORTE.

Qu'importe ? Je fuis toujours fûr que l'on danfera quelque chofe.

M. PILLIER.

Mais il faut que les airs de violon foient bons, pour que l'on danfe bien.

M. QU'IMPORTE.

Qu'importe ? même quand on ne danferoit pas ; pourvu que l'Opéra finiffe & qu'on puiffe aller fur le Théâtre après.

M. SANGLIER.

Mais s'il n'y avoit plus d'Opéra, vous ne pourriez pas aller fur le Théâtre.

M. QU'IMPORTE.

Qu'importe ? j'irois ailleurs, ou je vais à préfent, par exemple. Adieu, Meffieurs, je vous fouhaite bien-le bonjour.

M. PILLIER.

Monfieur, je fuis bien votre ferviteur.

SCENE IV.

M. SANGLIER, M. PILLIER.

M. SANGLIER.

Nous nous étions bien adreſſés, pour for-tifier notre parti; Monſieur Pillier, qu'en dites-vous?

M. PILLIER.

Ma foi, Monſieur Sanglier, cela va mal pour nous; il y a Paris comme cela mille gens qui profitent de tout, & qui ne ſe ſou-cient de rien.

M. SANGLIER.

Oui, & ils jetteroient les hauts cris ſi on leur retranchoit quelque choſe de ce dont ils ne s'inquiétent point.

M. PILLIER.

Cela eſt ſûr, nous avons la peine & eux le plaiſir; demandez-moi pourquoi? par exemple.

M. SANGLIER.

C'eſt que nous ſommes trop bons.

M. PILLIER.

C'eſt vrai; mais comme c'eſt le bien public qui nous occupe, il ne faut pas s'y refuſer.

M.

M. SANGLIER.

Non vraiment, il faut être citoyen, avant tout.

M. PILLIER.

Ah ! voilà Monsieur Point-du-tout ; c'est un homme qui a les meilleurs expédiens du monde dans tous les cas.

M. SANGLIER.

Vous le croyez ?

M. PILLÎER.

Ma foi, on me l'a dit.

M. SANGLIER.

Tant mieux. Voilà ce qu'on appelle un homme, enfin.

SCENE V.

M. POINT-DU-TOUT, M. PILLIER, M. SANGLIER.

M. PILLIER.

Monsieur, je parie que vous vous ennuyez aujourd'hui, parce qu'il n'y a pas d'Opéra ?

Tome IV.   N

M. POINT-DU-TOUT.

Point du tout, Monsieur, je ne m'ennuye jamais, quand on a (*Il montre son pouce, le premier doigt & le second.*) cela, cela & cela, on ne sauroit s'ennuyer *.

M. SANGLIER.

Vous êtes bienheureux, Monsieur : voilà ce qu'on appelle avoir des ressources ; mais dans les grandes affaires, il faut des grands moyens pour les faire réussir.

M. POINT-DU-TOUT.

Point du tout : écoutez-moi. Avec cela, cela & cela, vous ferez toutes les affaires du monde, je dis même celles de la plus grande conséquence

M. PILLIER.

Donnez-nous donc un moyen pour soutenir l'Opéra ; car si l'on n'y prend garde, il tombera incessamment.

M. POINT-DU-TOUT.

Point du tout ; avec cela, cela & cela, il ne tombera jamais.

M. PILLIER.

Mais, Monsieur, vous ne prenez pas garde

---

* Toutes les fois qu'il dit cela, cela & cela, il montre les mêmes doigts.

à une chofe, fans doute ; pour que l'Opéra
François fe foutienne, il faut de belles voix.

M. POINT-DU-TOUT.

Point du tout ; de belles voix ! de belles
voix ! Pourquoi faire ? Il ne faut point de
belles voix, il ne faut que cela, cela & cela.

M. SANGLIER.

J'entends bien ce que veut dire Monfieur,
moi.

M. PILLIER.

Quoi donc ?

M. SANGLIER.

C'eft trois chofes.

M. PILLIER.

Mais encore ?

M. SANGLIER.

Un bon Poëme, une bonne Mufique, &
des Acteurs qui chantent bien, & qui fachent
bien débiter.

M. POINT-DU-TOUT.

Point du tout, on peut s'en paffer très-
bien.

M. PILLIER.

Vous ne voulez pas un bon Poëme ?

M. POINT-DU-TOUT.

Point du tout.

M. SANGLIER.

Pas de bonne Mufique?

M. POINT-DU-TOUT.

Point du tout.

M. PILLIER.

Pas de bons Chanteurs?

M. POINT-DU-TOUT.

Point du tout.

M. SANGLIER.

Vous ne voulez donc que des Ariettes

M. POINT-DU-TOUT.

Point du tout.

M. PILLIER.

Des Ballets?

M. POINT-DU-TOUT.

Point du tout.

M. SANGLIER.

Des décorations?

M. POINT-DU-TOUT.

Point du tout.

M. PILLIER.

Quoi! pour avoir un Opéra, il ne faut pas

avoir tout ce que nous venons de vous nommer ?

M. POINT-DU-TOUT.

Point-du-tout, je n'en ai que faire ; il n'y a rien de si difficile à réunir. D'abord que j'ai cela, cela & cela, je suis fûr d'avoir un Opéra toute la vie, & un Opéra excellent.

M. SANGLIER.

Vous conviendrez pourtant qu'il ne faut rien épargner pour avoir un Opéra.

M. POINT-DU-TOUT.

Point du tout, la dépenfe n'eft pas néceffaire. On aime l'Opéra, à Paris ; & quel qu'il foit, je suis fûr avec cela, cela & cela, qu'il y aura toujours du monde.

M. PILLIER.

Je vous entends, à préfent.

M. SANGLIER.

Je ne le comprends pas, moi.

M. PILLIER.

Il n'y a pourtant rien de si aifé. Monfieur veut dire que les petites Loges foutiendront toujours l'Opéra.

M. POINT-DU-TOUT.

Point du tout, je n'ai que faire des petites

Loges ; il n'y en auroit pas, qu'avec cela, cela & cela, je ne m'embarraffe de rien.

M. SANGLIER.

Oui, oui, Monfieur ; vous avez raifon, cela eft clair à préfent.

M. PILLIER, *rêvant.*

Je ne devine pas.

M. SANGLIER.

Comment ! vous ne voyez pas que Monfieur veut dire que le monde attire le monde, & que l'habitude d'aller à l'Opéra y fera toujours aller ?

M. POINT-DU-TOUT.

Point du tout, ce n'eft point l'habitude qui y fera venir ; mais j'attirerai toujours tout Paris, avec cela, cela & cela.

M. PILLIER, *fouriant.*

Ah ! oui, oui.

M. SANGLIER.

Comment ?

M. PILLIER.

Avec les Actrices, les Danfeufes.

M. POINT-DU-TOUT.

Point du tout, les Actrices, les Danfeufes ne me font rien. Je ne veux pas autre chofe que ce que je vous dis ; cela, cela & cela.

M. SANGLIER.
Pour moi, rien ne me rassure.

M. PILLIER.
Je n'ai que l'espoir des anciens Opéra.

M. SANGLIER.
Voilà ce qu'il faudroit persuader de donner, aux Directeurs.

M. POINT-DU-TOUT.
Point du tout.

M. PILLIER.
Comment, Monsieur, vous ne le croyez pas ?

M. SANGLIER.
C'est s'aveugler, je vous assure, que de penser autrement.

M. POINT-DU-TOUT.
Point du tout, je ne m'aveugle point, & vous en conviendrez bien.

M. PILLIER.
Quand on n'a pas d'autres ressources : car vous en conviendrez bien.

M. POINT-DU-TOUT.
Point du tout : songez donc que vous avez cela, cela & cela ; tranquillisez-vous. Je vous souhaite bien le bonsoir. (*Il s'en va.*) Ecoutez.

N'oubliez jamais que vous avez cela , cela &
cela , & vous ne vous désespérerez pas.

SCENE DERNIERE.

M. PILLIER, M. SANGLIER,

M. SANGLIER.

Eh bien ! Monsieur Pillier ?

M. PILLIER.

Eh bien ! Monsieur Sanglier, que dites-
vous ?

M. SANGLIER.

Je dis toujours qu'il n'y aura bientôt plus
d'Opéra.

M. PILLIER.

Et moi aussi.

M. SANGLIER.

Nous sommes perdus !

M. PILLIER.

Je n'en puis plus douter. (*Ils s'en vont.*)

Fin du cinquante-quatrième Proverbe.

LE
BON MARI,

CINQUANTE-CINQUIEME PROVERBE.

PERSONNAGES.

LE COMTE DE BOURVILLE, *bien mis.*

LA COMTESSE DE BOURVILLE, *bien mise.*

LE VICOMTE DE CONISIERES, *bien mis.*

LE CHEVALIER DE LA CERISAYE, *bien mis.*

DUVAL, *Valet-de-Chambre de la Comtesse de Bourville. Habit rouge, complet, avec boutons d'or.*

La Scène est chez la Comtesse de Bourville.

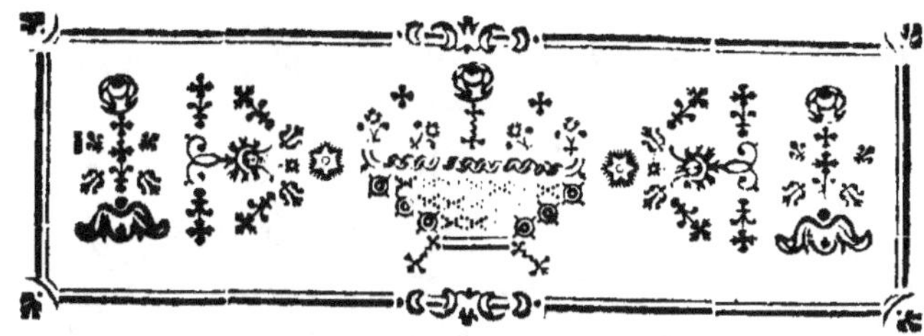

LE
BON MARI,

PROVERBE.

SCENE PREMIERE.

Le VICOMTE, Le CHEVALIER.

LE CHEVALIER.

Mais, dis-moi donc, Vicomte, qu'est-
ce que c'est que cette conduite-là ? Que viens-
tu faire encore ici ?

Le VICOMTE.

Ce que j'y ai toujours fait, depuis que j'y
viens.

Le CHEVALIER.

Quoi ! n'as-tu pas quitté la Comtesse ?

Le VICOMTE.

Moi, la quittter ? j'en ferois au défefpoir ; je l'aime réellement, j'en fuis aimé à la fureur, pourquoi la quitterois-je ? Non, jamais je n'aurai cette penfée.

Le CHEVALIER.

Voilà un très-beau projet de conftance, il eft rare ; mais entendons-nous. Qu'eft-ce que tu fais de la Marquife de Villenon ?

Le VICOMTE.

De la Marquife ?

Le CHEVALIER.

Oui, parle-moi naturellement.

Le VICOMTE.

La Marquife eft aimable ; mais elle ne vaut pas la Comteffe.

Le CHEVALIER.

Qu'eft-ce que c'eft donc que cette fantaifie de les avoir enfemble ?

Le VICOMTE.

Paix donc , fi on t'entendoit.

Le CHEVALIER.

Eh bien ! réponds-moi nettement la-deffus.

Le VICOMTE.

Pourquoi cela ?

Le CHEVALIER.

C'eſt que tu es venu me troubler dans le moment, où j'eſpérois toucher la Marq uiſe, & que tu as renverſé tous mes projets. Si tu l'aimois véritablement, je ne te dirois rien ; mais vouloir la conſerver en même-temps que la Comteſſe ; c'eſt les trahir toutes les deux.

Le VICOMTE.

Les trahir ! c'eſt un grand mot. Si je leur plais également, c'eſt, au contraire, faire à la fois le bonheur de deux femmes.

Le CHEVALIER.

Tout cela eſt bon pour la plaiſanterie ; mais ſi tu reſtes attaché à la Comteſſe, je te réponds que j'emploirai tous mes ſoins pour réuſſir auprés de la Marquiſe.

Le VICOMTE.

A la bonne-heure, je ne ſaurois t'en em- pêcher.

Le CHEVALIER.

Je ne négligerai rien, je t'en avertis.

Le VICOMTE.

Je te le conſeille.

Le CHEVALIER.

Tu n'auras point de reproches à me faire, après ce que je viens de te dire.

Le VICOMTE.

Un rival eft un triomphe de plus.

Le CHEVALIER.

Tu parles en homme bien fûr de plaire.

Le VICOMTE.

On plaît toujours quand on eft aimé.

Le CHEVALIER.

Mais on peut ceffer de l'être.

Le VICOMTE.

Il eft vrai que cela arrive quelquefois, & il ne faut que des certains hommes, comme j'en connois, pour donner à une femme la réputation d'être légere.

Le CHEVALIER.

Tu n'as donc jamais connu des ces femmes-là ?

Le VICOMTE.

Non ; parce que j'ai fu les fixer.

Le CHEVALIER.

A la bonne-heure ; nous verrons fi tu parleras toujours fur le même ton.

Le VICOMTE.

Je l'efpere.

Le CHEVALIER.

Adieu, tu vois que je me comporte en galant homme.

Le VICOMTE.

Tous les hommes ont le droit de tenter
fortune auprès des Femmes ; & lorſqu'elles
changent, ce n'eſt qu'à elles qu'il faut s'en
prendre : & très-férieuſement, je ne me brouil-
lerai jamais avec mon ami, parce qu'il aura
trouvé le moyen de plaire mieux que moi.

Le CHEVALIER.

Si tu deviens modeſte, tu ne vaux plus
rien, je m'enfuis.

SCENE II.

La COMTESSE, Le VICOMTE.

La COMTESSE, *entrant par une
autre porte.*

Le Chevalier n'eſt plus ici ?

Le VICOMTE.

Non, Madame.

La COMTESSE.

Mais il étoit avec vous, tout-à-l'heure.

Le VICOMTE.

Il vient de ſortir dans l'inſtant.

La COMTESSE.
Je croyois qu'il m'auroit attendu.

Le VICOMTE.
Ces regrets m'étonnent ; je ne saurois m'empêcher de vous le dire, Madame. J'osois me flatter que vous ne seriez pas fâchée de vous trouver seule avec moi.

La COMTESSE.
Vous vous flattiez un peu légérement, comme vous le voyez.

Le VICOMTE.
Ce n'est pas sérieusement que vous dites cela?

La COMTESSE.
Très-sérieusement.

Le VICOMTE.
Madame, expliquez-vous, de grace.

La COMTESSE.
Expliquez-moi, vous-même, pourquoi, pendant que j'ai été à Courci, je ne vous y ai vu qu'une fois, une seule fois en quinze jours? Il y a six mois que vous n'auriez pas été si long-temps sans me voir.

Le VICOMTE.
J'ai eu l'honneur de vous dire & de vous

mander

mander, que les affaires de mon Régiment m'obligent d'être à Versailles, presque tous les jours.

La COMTESSE.

Ce n'est pas ce que vous m'avez dit que je veux savoir; c'est ce qui est, ce que vous ne m'avez pas dit.

Le VICOMTE.

Je serois bien embarrassé de vous dire autre chose.

La COMTESSE.

Je le crois, puisque vous ne me le dites pas. Avez-vous des projets d'ambition qui puissent m'allarmer? Ne le craignez pas, je saurai sacrifier tout à votre gloire, & je ne me plaindrai pas.

Le VICOMTE.

Moi, avoir d'autre ambition que de vous aimer & de vous plaire toute ma vie! Ah! Madame! ne le croyez pas; l'ambition étouffe la tendresse, elle est avide, ne jouit jamais; & je perdrois, pour elle, un bonheur réel, sans lequel il me seroit impossible de vivre! Non, Madame, vous ne devez avoir aucune inquiétude. Bannissez toutes ces craintes, je

Tome IV. O

vous en supplie , pour votre repos & pour le mien.

La COMTESSE.

Ah ! Vicomte ! je ne sais pourquoi ; mais je ne puis m'ôter de l'esprit que vous me trompez.

Le VICOMTE.

Vous pouvez me soupçonner ?...

La COMTESSE.

Je me le reproche : mais en même-temps rien ne peut me rassurer, ni ce que je me dis en votre faveur , ni ce que vous me dites vous-même.

Le VICOMTE.

Souvenez-vous du tourment que vous ont donné les soupçons que vous avez eus que j'aimois Madame d'Ancille.

La COMTESSE.

Eh bien! voilà justement ce que j'ai déja pensé : je vous vois le même air & la même conduite que dans ce temps-là.

Le VICOMTE.

Cependant , vous avez été bien sûre que je ne l'aimois pas ?

La COMTESSE.

Bien sûre ; parce que vous m'avez dit que je me trompois, & que je trouvois indigne de vous & de moi de ne vous pas croire, & de faire d'autre recherche pour savoir si cela étoit vrai ; voilà comme je suis.

Le VICOMTE.

Et vous pourriez avec cette façon de penser & d'aimer, croire que je vous sacrifierois à un autre ? Où trouverai-je rien aussi digne de m'attacher pour la vie ? Ah ! Madame ! rendez-vous plus de justice....

La COMTESSE.

Si vous me trompiez, Vicomte, à quels maux ne serois-je pas en proie ! Songez donc à tout ce que j'ai souffert pour résister à ce penchant invincible, où tout m'entraînoit malgré moi ; les reproches que je me suis toujours faits, & que je me fais encore, sans cesse, de tromper un mari, dont je n'ai jamais eu, un instant, lieu de me plaindre.

Le VICOMTE.

Mais il n'a point d'amour pour vous.

La COMTESSE.

Cela peut être ; mais il m'estime : & être

toujours au moment de ne pas mériter cette estime , & craindre de me voir confondue avec tant d'autres femmes, est un supplice continuel. S'il étoit possible que ce fût pour un ingrat , j'en mourrois de douleur.

Le VICOMTE.

Que dites-vous, Comtesse, moi ingrat!...

La COMTESSE.

Je le crains.

Le VICOMTE, *à genoux.*

Je jure à vos pieds....

La COMTESSE.

Ah! Vicomte!... O Ciel! levez-vous. C'est mon mari : il vous à vu. Je suis perdue !

Le VICOMTE, *toujours à genoux.*

Non, non, laissez-moi faire, & ne vous troublez pas.

SCENE III.

Le COMTE, La COMTESSE, Le VICOMTE.

Le VICOMTE, *se levant lentement.*

Ah! Comte , je vous en prie , aidez-moi à

obtenir de la Comtesse de me raccommoder avec une femme que j'aime. Il ne s'agit que de lui persuader que j'ai soupé hier ici , & elle ne veut pas consentir à le lui dire ; c'est en vain que je l'en prie , elle me désespere.

Le COMTE.

La ruse que vous employez-là pour détourner mes idées, mon cher Vicomte, est tout-à-fait spirituelle : mais, par malheur pour vous, j'ai lu , dans la bibliotheque de campagne, l'histoire du Comte de Tende , & je connois cette situation-là.

Le VICOMTE.

Que voulez-vous dire ?

.Le COMTE.

Que les maris des romans ne font pas faits comme ceux d'à présent , non plus que les amans. Ces derniers ne trompoient que les maris ; mais jamais les femmes. La mode change tout.

Le VICOMTE.

Quelle erreur ! quoi....

Le COMTE.

Il n'y a point d'erreur à cela ; & je ne pardonne jamais , à qui se donne pour un galant homme, de tromper une femme. Je suis bien sûr que je passerai pour ridicule en paroissant aussi délicat.

Le VICOMTE.

Ridicule, non vraiment, je pense comme vous.

Le COMTE.

Pourquoi donc agir différemment ?

Le VICOMTE.

C'est un persiflage que tout cela.

Le COMTE.

Je ne persifle point ; je sais très-bien que vous êtes attaché, depuis près d'un mois, à la Marquise de Villenon.

Le VICOMTE.

Moi ?

Le COMTE.

Oui, vous, & trahir une femme honnête, pour une femme aussi légere, rien n'est plus affreux !

Le VICOMTE.

Je vous assure que je n'aime point Madame de Villenon.

Le COMTE.

Vraiment je sais bien que vous n'irez pas en convenir ici.

Le VICOMTE.

Ni ici, ni ailleurs.

Le COMTE.

Allons, allons, je fais là deffus tout ce que l'on peut favoir. (*Il veut s'en aller.*)

Le VICOMTE.

Non, attendez que je vous explique....

Le COMTE.

Cela ne me regarde pas ; je ne me mêle des affaires de perfonne.

Le VICOMTE.

Il m'eft très-important de vous défabufer.

Le COMTE.

Chacun a fa maniere de fe comporter.

Le VICOMTE.

Si vous vouliez m'entendre....

Le COMTE.

Cela eft inutile. Que diable pourriez-vous me dire ? Vos principes font différens des miens ; & quand on penfe différemment, on ne fe perfuade jamais l'un l'autre.

Le VICOMTE.

Mais je penfe comme vous, & je vous jure que je ne tromperois jamais une femme, quand il s'agiroit de tout au monde....

O iv

Le COMTE.

Ce n'eſt pas à moi que l'on fait croire ces choſes-là. Adieu, adieu.

Le VICOMTE.

En vérité, Comte, je peux vous déſabuſer. Revenez.

Le COMTE.

Oui, je reviens; mais c'eſt pour vous dire que vous êtes un étourdi. Il falloit me mettre dans votre confidence, pour m'empêcher de dévoiler votre ſecret ; cela eût été même très-adroit & bien plus neuf, que ce que vous avez voulu me faire croire, quand je vous ai trouvé aux genoux de Madame. (*Il ſort.*)

SCENE IV.

La COMTESSE, Le VICOMTE.

Le VICOMTE *à la Comteſſe qui veut rentrer chez elle.*

Madame, que faites-vous ?

La COMTESSE.

Non, Monſieur, ne me retenez pas, ou craignez mon indignation.

Le VICOMTE.

Il n'y a rien à quoi je ne m'expofe plutôt que de vous laiffer dans une auffi cruelle erreur. Le Comte n'eft point jaloux , je le fais ; mais l'amour-propre, apparemment, lui fait employer ce moyen, pour me perdre auprès de vous : cela n'eft pas difficile à comprendre ; comment, vous-même, ne l'avez-vous pas ima-giné , & n'avez-vous pas cherché à ne me pas trouver coupable ?

La COMTESSE.

Seroit-il poffible ?...

Le VICOMTE.

Madame, en vérité , j'ai lieu de me plaindre de la facilité avec laquelle vous vous livrez à tout ce qui peut me détruire auprès de vous.

La COMTESSE.

Non feulement je vous perds ; mais je perds encore l'eftime de mon mari !

Le VICOMTE.

Vous ne me perdrez point, Madame , & vous ne me perdrez jamais. Quand à l'eftime de votre mari , elle ne fauroit être diminuée. Sa maniere de penfer n'eft point différente de celle de tout le monde. Ce qui perd une femme, à préfent , c'eft le choix qu'elle fait ; voilà fur quoi on peut fe récrier , quand l'homme , qui s'attache à elle , eft un homme réellement méprifable.

La COMTESSE.

Quelle morale ! pouvez-vous croire que je l'adopte, & que, fans cette chaîne qui me tyrannife, j'euffe jamais voulu la fuivre ? Je fais qu'on plaint,& même qu'on a dans le monde une ridicule vénération pour une femme qui a un attachement durable ; mais, pour cela, peut-elle ne pas fentir qu'elle agit contre fes devoirs, contre ce qu'elle fe doit à elle-même ?

Le VICOMTE.

Ce qu'elle fe doit! mais fe doit-elle plus que fon mari ne lui doit?

La COMTESSE.

Les torts des autres peuvent-ils nous excufer? Le penchant nous entraîne; & fi l'on avoit le courage de combattre plus fortement....

Le VICOMTE.

Ah ! banniffez ces idées , ne vous occupez , à l'avenir, que de la douceur d'aimer & d'être aimée. C'eft un bien auquel il ne faut point mêler d'amertume ; vous devez être fûre de moi ; ne me cachez rien de ce qui fe paffe

dans votre ame ; je ne veux pas y laiffer établir
le plus léger foupçon ; je vous facrifierai tout ;
il n'eft pas jufte que vous ayez la moindre inquiétude. Promettez-moi donc de me mettre
à portée de détruire toutes celles qui pourroient naître, & je vous jure que jamais....

SCENE V.

La COMTESSE, Le VICOMTE, DUVAL.

DUVAL, *donnant une lettre à la Comteffe.*

MADAME ; c'eft de la part de Madame
la Marquife de Villenon.

La COMTESSE.

La Marquife de Villenon ?

DUVAL.

Et il n'y a point de réponfe ?

La COMTESSE.

C'eft affez.

Le VICOMTE, *à part & troublé.*

O Ciel ! que peut-elle lui mander ?

SCENE VI.

La COMTESSE, Le VICOMTE.

La COMTESSE, *après avoir lu la lettre.*

Mes preſſentimens étoient donc vrais !

Le VICOMTE.

Ah ! Madame ! pourriez-vous croire...

La COMTESSE.

Oui, Monſieur, je vous crois capable de tout. Voyez le billet de la Marquiſe. (*Elle lit.*)

» Le Vicomte m'avoit juré qu'il ne vous
» aimoit plus, Madame ; il nous trompoit
» également : je vous l'abandonne, & je ne
» veux le revoir de ma vie.

Le VICOMTE.

Ne croyez pas, Madame, qu'elle veuille ne plus me voir ; elle veut me brouiller avec vous, voilà tout ; elle ſe venge de ma froideur pour elle....

La COMTESSE.

Pouvez-vous eſpérer de me tromper davantage ? Votre ingratitude anéantit tout l'a-

mour que j'avois pour vous. Il ne me reste
que le regret de vous avoir aimé.

Le VICOMTE.

Que dites-vous? Quoi! Madame....

La COMTESSE.

Ç'en est assez , ne me revoyez jamais.
(*Elle sort*)

Le VICOMTE , *douloureusement.*

Le Chevalier ne m'a que trop bien tenu parole : je perds tout en un jour , je suis déses-
péré! (*Il s'en va.*)

Fin du cinquante-cinquième Proverbe.

LA CORBEILLE

DE

MARIAGE,

CINQUANTE-SIXIÈME PROVERBE.

PERSONNAGES.

Mad. DE PÉRAUDIERE. *Robe de perse, collet-monté, petit bonnet, avec un éventail.*

Mlle DE PÉRAUDIERE. *Robe de tafetas bleu, garnie de gase, en cheveux.*

LE CHEVALIER DE ROUVAL. *Habit verd galonné, veste brodée, sans épée.*

M. DE BOURSAULE. *Habit gris-bleu, complet, galonné d'or, perruque blonde, couteau-de-chasse, & chapeau bordé.*

M. BOURDIN, *Notaire. Habit brun, galonné, veste d'or, perruque en bonnet, couteau-de-chasse, & chapeau bordé.*

VICTOIRE, *Femme-de-chambre de Mademoiselle de Péraudiere, mise en Femme-de-chambre.*

COMTOIS, *Laquais de Madame de Péraudiere. En livrée.*

La Scène est dans le jardin de Madame de Péraudiere, à la campagne.

LA CORBEILLE

DE

MARIAGE,

PROVERBE.

SCENE PREMIERE.

Mlle DE PÉRAUDIERE, VICTOIRE.

Mlle DE PÉRAUDIERE.

Eh bien ! Victoire, le Chevalier viendra-
t-il ?

VICTOIRE.

Oui, Mademoiselle, il étoit chez lui, &
il me l'a promis.

Tome IV.   P

Mlle DE PÉRAUDIERE.

Comment t'a-t-il reçu, quand tu lui as parlé de moi?

VICTOIRE.

D'abord il a souri, & puis il a pris un air très-férieux; il m'a demandé fi je favois ce que vous aviez à lui dire; je lui ai répondu que non : j'irai le favoir dans l'inftant, tu peux lui affurer, a-t-il repris. Je lui ai remis la clef de la porte de la ruelle, & je fuis revenue tout de fuite.

Mlle DE PÉRAUDIERE.

Il avoit donc l'air tranquille?

VICTOIRE.

Oui, tantôt gai, tantôt férieux

Mlle DE PÉRAUDIERE.

L'ingrat! il époufe Mlle de Charville.

VICTOIRE.

Mademoifelle de Charville, avec qui vous avez été au Couvent?

Mlle DE PÉRAUDIERE.

Elle-même.

VICTOIRE.

Elle eft bien jolie, au moins, je l'ai vu à Paris, il n'y a pas quinze jours. Et qui vous à mandé cela?

Mlle DE PÉRAUDIERE.

C'est Mademoiselle Alari, qui l'a dit hier à quelqu'un, qui me l'a redit.

VICTOIRE.

Il faut que cela soit vrai ; car Mademoiselle Alari, est sa Marchande de mode.

Mlle DE PÉRAUDIERE.

C'est une trahison affreuse ! je ne puis croire, après cela, qu'il ose se présenter devant moi.

VICTOIRE.

Je vous assure qu'il viendra.

Mlle DE PÉRAUDIERE.

Mais que pourra-t-il me dire ?

VICTOIRE.

Je n'en sais rien.

Mlle DE PÉRAUDIERE.

M'avoir juré qu'il m'aimeroit toujours, & en épouser une autre !

VICTOIRE.

Mademoiselle, j'entends du bruit à la petite porte ; c'est peut-être lui.

Mlle DE PÉRAUDIERE.

Ne t'éloigne pas, & avertis-nous si ma mere venoit, afin qu'elle ne nous surprenne pas.

SCENE II.

Mlle. DE PÉRAUDIERE,
Le CHEVALIER.

Le CHEVALIER.

COMMENT, Mademoiselle, vous confentez enfin à me voir, à m'entendre! Être dans le même lieu que vous depuis deux mois, ne pouvoir ni vous parler, ni vous écrire, & parce que vous ne le voulez pas.

Mlle DE PÉRAUDIERE.

Ne vous ai-je pas dit mes raifons; fi ma mere eût foupçonné la moindre intelligence entre nous, tout notre efpoir n'étoit-il pas détruit? Ne valoit-il pas mieux attendre avec prudence l'arrivée de mon Oncle; puifqu'il eft mon tuteur, qu'il confent à tout & qu'il y fera confentir ma mere?

Le CHEVALIER.

Mais pourquoi avez-vous pû croire que Madame votre mere, me connoiffant, s'oppoferoit à notre mariage?

Mlle DE PÉRAUDIERE.

C'eft une foibleffe qu'il étoit inutile de vous

dire ; mais que je veux bien vous apprendre à préfent, pour vous prouver à quel point vous avez tort. Vous favez combien ma mere aime à plaire ; mais vous ne favez pas quelle eft la fource de l'humeur qui s'eft emparée d'elle depuis quelque temps ; c'eft la crainte de vieillir qui la tourmente continuellement ; je lui ai entendu dire qu'elle ne concevoit pas comment une femme, encore jeune, pouvoit fupporter le titre de grand'mere. Après cela, croyez-vous que l'idée de me voir vous époufer pourroit lui plaire ? non, elle n'y confentira jamais que lorfqu'elle y fera forcée, & brufquement, fans pouvoir efpérer de l'empêcher.

Le CHEVALIER.

Ah ! quand on aime bien, il eft fi doux de le prouver, qu'on eft moins occupé que vous ne l'étiez de toutes ces craintes.

Mlle DE PÉRAUDIERE.

Et quand on aime bien, fe rebute-t-on fi facilement, & fe determine-t-on à en époufer un autre ? Croyez-vous que j'en euffe été capable ? non, jamais, je me ferois reprochée jufqu'à cette penfée.

P iij

Le CHEVALIER, *avec joie.*

Vous croyez donc ?... quoi, vous m'aimez toujours !

Mlle DE PÉRAUDIERE.

Moi qui faifois tout mon bonheur de l'efpoir d'une union délicieufe, je ne m'occupois que d'un ingrat !

Le CHEVALIER.

O Ciel ! que dites-vous ?...

Mlle DE PÉRAUDIERE:

Ce n'étoit donc qu'un goût foible, paffager ; peut-être feulement le plaifir de vous voir aimer ? je frémis de le penfer !

Le CHEVALIER.

Mais , écoutez-moi....

Mlle DE PÉRAUDIERE.

Non, je ne veux plus rien entendre , & je n'ai voulu vous voir que pour vous dire, que je vais vous bannir entierement de mon cœur.

Le CHEVALIER.

Ah ! vous me raviffez.

Mlle DE PÉRAUDIERE.

Quoi, vous infultez a ma douleur ! perfide !

Le CHEVALIER.

Je ne me sens pas de joie. Arrêtez.

Mlle DE PÉRAUDIERE.

Non, laissez-moi vous fuir pour jamais.

Le CHEVALIER.

Non, vous ne me fuirez point, apprenez....

Mlle DE PÉRAUDIERE.

Je n'en sais que trop; ce n'étoit donc que pour jouir de mon désespoir, que vous avez pu consentir encore à me voir ? ce n'étoit que....

Le CHEVALIER.

Ah! je vous prie de m'écouter, vous ne me condamnerez point, j'en suis bien sûr.

Mlle DE PÉRAUDIERE.

Et comment voulez-vous que j'approuve ce mariage? je le devrois; je devrois sentir que je suis trop heureuse de n'être point engagée avec un homme qui ne vouloit que me tromper, qui ne m'a jamais aimée; mais....

Le CHEVALIER.

Vous m'offensez cruellement par cette pensée! calmez-vous, ce mariage ne se fera point.

Mlle DE PÉRAUDIERE.

Il ne se fera point ?

Le CHEVALIER.

Non, il n'a même jamais dû se faire.

Mlle DE PÉRAUDIERE, *avec joie.*

Je ne vous comprends pas, se pourroit-il...

Le CHEVALIER.

La contrainte où vous m'avez fait vivre depuis deux mois, l'excès de précaution & de prudence que vous avez exigée de moi, tout cela m'a tourné la tête; je me suis cru à la veille de vous perdre.

Mlle DE PÉRAUDIERE.

Comment?

Le CHEVALIER.

J'ai vu tant de fois des Demoiselles, avec beaucoup d'amour, ne pouvoir pas résister à leurs parens, & prendre le parti d'éloigner d'elles, sous quelque prétexte, leur amant, pour éviter leurs reproches, & se rendre plus capables d'obéir à ce qu'on exigeoit delles, que j'ai craint que vous n'employassiez ce moyen pour consentir à me perdre.

Mlle DE PÉRAUDIERE.

Ah! Chevalier! vous m'avez cru capable de vous abandonner?

Le CHEVALIER.

Quand on aime vivement, on s'allarme de
même ; j'ai voulu vous forcer de rompre ce
filence qui me défefpéroit, pour voir fi je ne
me trompois pas & calmer mes inquiétudes.

Mlle DE PÉRAUDIRE.

Et qu'avez-vous fait ? je crains que vous
ne vous foyez trop engagé, pour pouvoir à
préfent....

Le CHEVALIER.

Il n'y a pas même l'apparence d'engage-
ment. Pour vous faire parvenir que j'allois
me marier, je n'ai fait autre chofe qu'envoyer
un inconnu, avec un air de myftere, com-
mander une Corbeille de Mariage chez Mademoifelle Alari, & il a nommé Mademoifelle
de Charville, plutôt qu'un autre, voilà tout.
Mais ce n'a pas été fans craindre que ce moyen
ne fût inutile, fi vous aviez confenti à en
époufer un autre.

Mlle DE PÉRAUDIERE,

Ah ! Chevalier ! j'ai donc eu tort de vous
foupçonner d'être infidele ; & vous m'aimez
toujours ?

Le CHEVALIER.

Eh! puis-je faire autrement? J'aimerois mieux mourir que de ceſſer jamais....

SCENE III.

Mad. DE PÉRAUDIERE, Le CHE-
VALIER, Mlle DE PÉRAUDIERE,
VICTOIRE.

VICTOIRE.

Aʜ! Mademoiſelle. Voilà Madame votre mere, elle a ſûrement vu Monſieur le Chevalier.

Mlle DE PÉRAUDIERE.

Laiſſez-moi faire, & ne démentez point tout ce que je lui dirai.

Mad. DE PÉRAUDIERE.

Que faites-vous donc ici, avec Monſieur, Mademoiſelle?

Mlle DE PÉRAUDIERE.

Tenez, Monſieur le Chevalier, dites vous-
même à ma mere, ce que vous me diſiez.

Le CHEVALIER.

Moi, Mademoiſelle, je n'oſerois jamais.

Mad. DE PÉRAUDIERE.

De quoi s'agit-il donc, Monfieur ? Parlez, je vous prie !

Le CHEVALIER.

Madame, je ne puis.

Mad. DE PÉRAUDIERE, *d'un air févere.*

Et vous, Mademoifelle !

Mlle DE PÉRAUDIERE.

Vous paroiffez fâchée, ce n'eft pas ma faute.

Mad. DE PÉRAUDIERE.

Comment ! ce n'eft pas votre faute ?

Mlle DE PÉRAUDIERE.

Non, ma mere, & c'eft à vous-même qu'il faut s'en prendre, fi cela peut vous déplaire.

Mad. DE PÉRAUDIERE.

Quoi ! expliquez-vous ?

Mlle DE PÉRAUDIERE.

Mais c'eft qu'il me femble qu'il n'eft pas décent, que ce foit moi qui vous l'apprenne.

Mad. DE PÉRAUDIERE.

Vous m'impatientez ! je veux abfolument que vous parliez.

Mlle DE PÉRAUDIERE.

J'obéis. Monfieur le Chevalier m'avoit entendu dire quelquefois, la répugnance que j'aurois de vous voir remarier.

Mad. DE PÉRAUDIERE.

La répugnance! votre répugnance ne me feroit rien, si j'en avois envie; & je me remarierai quand il me plaira, entendez-vous, Mademoiselle?

Mlle DE PÉRAUDIERE.

Je le sais bien, ma mere.

Mad. DE PÉRAUDIERE.

Qu'est-ce que fait ici votre répugnance?

Mlle DE PÉRAUDIERE.

C'est qu'il dit qu'il y a quelqu'un qui voudroit bien avoir le bonheur de vous plaire, & qui craint de ne pas réussir; parce que je pourrois lui nuire auprès de vous.

Mad. DE PÉRAUDIERE.

Il me connoît bien; oui, je vous consulterai; je ne crois pas un mot de cela, on ne songe guère à une veuve qui a une fille de treize ans; car, Monsieur, il faut que vous sachiez que ma fille n'a que cela, quoiqu'elle paroisse davantage, & je ne conçois pas pourquoi elle est si formée: car j'ai été mariée bien jeune, au moins.

Le CHEVALIER.

Vous n'avez pas besoin de le dire, Madame.

Mad. DE PÉRAUDIERE.

Si tout ce que je viens d'entendre est vrai, j'espere que je saurai quel est celui pour qui vous vous intéressez, Monsieur le Chevalier.

Mlle DE PÉRAUDIERE.

Quel qu'il soit, je jure bien qu'il ne sera jamais mon beau-pere.

Mad. DE PÉRAUDIERE.

Vous jurez bien, Mademoiselle, voyez un peu l'assurance : j'aurois presque envie de vous faire voir le contraire pour vous apprendre à parler : mais, hélas ! après la perte que j'ai faite de mon mari, il faudroit une ame bien sensible pour la réparer.

Mlle DE PÉRAUDIERE.

C'est ce que Monsieur le Chevalier dit aussi que vous trouveriez dans celui qui se propose ; c'est un homme qui veut être aimé avant que d'épouser, qui veut, pendant un an, éprouver celle qu'il aime, pour s'en assurer.

Mad. DE PÉRAUDIERE.

Mais vraiment ; c'est un homme très-délicat ; c'est un trésor dans le siecle où nous sommes.

Mlle DE PÉRAUDIERE.

C'eſt un homme fort peu empreſſé de vous avoir ; moi, je n'y vois que cela.

VICTOIRE.

Pour moi, je penſe comme Mademoiſelle.

Mad. DE PÉRAUDIERE.

Voilà, comme la jeuneſſe penſe à préſent. Monſieur, je veux abſolument connoître cet homme-là.

Le CHEVALIER.

Madame, il ſeroit trop heureux de pouvoir réuſſir à vous plaire.

Mad. DE PÉRAUDIERE.

Il faut abſolument que vous me l'ameniez.

Le CHEVALIER, *embarraſſé.*

Madame... (*Il regarde Mlle de Péraudiere.*)

Mad. DE PÉRAUDIERE.

Vous avez beau chercher à lire dans les yeux de ma fille, ſi elle le trouve bon ; d'abord que je le deſire, cela ſuffit.

Le CHEVALIER.

Je ferai ce que vous m'ordonnez, Madame.

Mad. DE PÉRAUDIERE.

Mais, en attendant, Monſieur le Chevalier,

ne puis-je pas toujours ſavoir qui c'eſt , ſavoir
ſon nom , du moins ?

Mlle DE PÉRAUDIERE.

Pour moi, à votre place, il y a long-temps
que je l'aurois demandé. Allons , Monſieur ,
dites donc ?

Le CHEVALIER.

Mais....

Mad. DE PÉRAUDIERE.

Vous vous troublez.

Mlle DE PÉRAUDIERE.

Ma mere, j'ai deviné.

Mad. DE PÉRAUDIERE.

Comment ?

Mlle DE PÉRAUDIERE.

Je ſais qui c'eſt.

Mad. DE PÉRAUDIERE.

Si c'eſt ce que j'imagine....

Mlle DE PÉRAUDIERE.

Eh oui , ſûrement ; c'eſt lui-même.

LE CHEVALIER, *à part.*

Ah ! je ſuis perdu !

Mad. DE PÉRAUDIERE, *minaudant.*

Eh bien ! Monſieur ?

Le CHEVALIER, *regardant Mlle de Pérau-*
diere , qui lui fait signe de dire oui.

Oui , Madame. (*A part.*) Je ne fais où
j'en fuis.

Mad. DE PÉRAUDIERE.

La modeftie avec laquelle vous vous an-
noncez , eft d'un heureux préfage : je ne fuis
point coquette ; mais je jurerois prefque que
vous êtes incapable de jamais tromper.

Le CHEVALIER.

Ah ! Madame ! fi vous faviez ce que cela
me coûte !

Mad. DE PÉRAUDIERE.

Ce que cela vous coûteroit ! j'en fuis perfuadée ; tenez , Chevalier , votre trouble
peint plus que tout ce que vous pourriez dire.
Oui, Mademoifelle, voilà comme on aime,
& comme on doit aimer ; mais vous n'êtes
pas capable de concevoir toute cette délicateffe , vous.

Mlle DE PÉRAUDIERE.

Je n'ai pas autant d'expérience que vous ,
ma mere.

Mad. DE PÉRAUDIERE.

Pourquoi voulez-vous donc parler ? En
vérité ,

vérité, Chevalier, je crois que, pour vous convaincre de ma fenfibilité, vous n'aurez pas befoin d'attendre un an.

Le CHEVALIER.

Madame, je ne fuis pas accoutumé à me flatter de l'efpoir d'être heureux, je l'ai dit à Mademoifelle ; & je n'ài pas l'honneur d'être affez connu de vous, Madame, pour efpérer que vous puiffiez penfer long-temps auffi favorablement de moi.

Mad. DE PÉRAUDIERE.

Quand même vous auriez quelques défauts, je le fuppofe, chacun n'a-t-il pas les fiens ? l'amour les fait difparoître ; & le defir de plaire corrige tout

Mlle DE PÉRAUDIERE, *fouriant.*

Il y a des chofes dont on ne fe corrige jamais.

Mad. DE PÉRAUDIERE.

Oui, vous, qui êtes opiniâtre, qui voudriez peut-être vous oppofer aux defirs de Monfieur le Chevalier, & qui feriez trop heureufe de lui reffembler ; oui, Monfieur le Chevalier, je ne veux plus que nous nous quittions: vous êtes un exemple pour ma fille, dont je lui conseille de profiter : je veux qu'elle apprenne comme la douceur a seule le droit de charmer l'ame.

Le CHEVALIER.

Madame, je ne croyois pas devoir être cité jamais comme un modele.

Mad. DE PÉRAUDIERE.

Quand on est capable d'une vraie tendresse , il est rare qu'on ne mérite pas la plus parfaite estime , je dis , de tout le monde.

Le CHEVALIER.

En ce cas-là, j'ai donc plus de mérite que je n'osois m'en croire.

Mad. DE PÉRAUDIERE.

Voulez-vous que je vous dise votre défaut? C'est le manque de confiance , oui....

SCENE IV.

Mad. DE PÉRAUDIERE , Mlle DE PÉRAUDIERE , Le CHEVALIER , VICTOIRE, COMTOIS.

COMTOIS.

Madame, il y a un Monsieur, qui vous demande.

Mad. DE PÉRAUDIERE.

Quel eſt ce Monſieur ?

COMTOIS.

C'eſt un Monſieur qui arrive de Paris ; j'ai oublié ſon nom, en venant vous chercher.

Mad. DE PÉRAUDIERE.

Dites-lui que je le prie de m'attendre. Chevalier, ne vous en allez pas, je viendrai bientôt vous rejoindre. Je ne crains pas, avec l'humeur de ma fille, que vous preniez pour elle d'autres ſentimens, que ceux que vous avez.

SCENE V.

Mlle DE PÉRAUDIERE, Le CHEVALIER, VICTOIRE.

Mlle DE PÉRAUDIERE.

Je ne puis m'empêcher de rire de l'embarras où je vous ai vû.

Le CHEVALIER.

Je ne pouvois pas imaginer quel étoit votre projet.

Mlle DE PÉRAUDIERE.

Vous avez très-bien joué votre rôle ; & j'ai eu le plaisir de me venger de l'inquiétude que vous m'avez causée avec ce prétendu mariage.

Le CHEVALIER.

Oui, vous m'avez engagé dans une aventure, dont je ne sais pas comment je me tirerai.

Mlle DE PÉRAUDIERE.

Mais, très-bien : par ce moyen, je m'assure le plaisir de vous voir tous les jours, & de n'avoir plus d'inquiétude de vous perdre.

Le CHEVALIER.

Oui ; mais Madame votre mere sera, peut-être, pressée de conclure ?

Mlle DE PÉRAUDIERE.

Ne lui ai-je pas annoncé que vous ne vouliez pas vous marier avant un an ?

Le CHEVALIER.

Il est vrai ; mais....

Mlle DE PÉRAUDIERE.

Mais, mon oncle peut arriver d'un moment à l'autre, & d'ici à ce moment-là, nous ne nous quitterons plus.

Le CHEVALIER.

Et comment faire entendre à Madame votre
mere que c'étoit vous que j'aimois , au
lieu d'elle? Elle ne me le pardonnera jamais.

Mlle DE PÉRAUDIERE.

Mon Oncle arrangera, tout cela.

VICTOIRE.

Ah! Mademoiſelle!

Mlle DE PÉRAUDIERE.

Qu'eſt-ce que c'eſt?

VICTOIRE.

Je crois voir Monſieur votre Oncle , avec
Madame votre Mere.

Mlle DE PÉRAUDIERE.

Mon Oncle? (*Elle regarde.*) C'eſt lui-même.

Le CHEVALIER , *avec regret.*

Mon impatience a tout perdu.

SCENE VI.

Mad. DE PÉRAUDIERE, M. DE BOUR-
SAULE , Mlle DE PÉRAUDIERE,
Le CHEVALIER , VICTOIRE ,
M. BOURDIN , *un peu en arrière.*

Mad. DE PÉRAUDIERE.

Je sais bien que vous avez eu de mauvais
chemins; mais ils seront accommodés l'année
prochaine.

M. DE BOURSAULE.

J'ai cru périr vingt fois. Ah! voilà ma
niéce. (*Il l'embrasse.*)

Mlle DE PÉRAUDIERE.

Mon Oncle, je suis charmée de vous voir.

M. DE BOURSAULE.

Et moi aussi, ma chere enfant. Eh! voilà
le Chevalier de Rouval. Vous savez donc?...
Vous ont-ils parlés?

Mad. DE PÉRAUDIERE.

Mais oui, ce n'a pas été sans peine.

M. DE BOURSAULE.

Je ne vois pas pourquoi. Le parti vous
convient-il, enfin?

Mad. DE PÉRAUDIERE.

On ne peut pas davantage.

M. DE BOURSAULE.

C'eſt que nous avions peur.... parce que quelquefois... les femmes... Vous ſavez bien ce que je veux dire... Je ſuis charmé de vous voir raiſonnable.

Mad. DE PÉRAUDIERE.

Je ſuis bien-aiſe de vous voir approuver ce deſſein.

Le CHEVALIER, *à Mlle de Péraudiere.*

Je crains l'explication.

Mlle DE PÉRAUDIERE.

Prolongeons l'erreur de ma mere.

M. DE BOURSAULE.

Qu'eſt-ce que vous dites, vous autres ?... Enfin, pour vous montrer que j'approuve ce mariage, j'ai amené le Notaire avec moi, & le contrat eſt tout prêt, très-bien fait ; il n'y a plus qu'à le ſigner : j'ai tout examiné, & vous ſavez que je m'entends en affaire, moi ?

Mad. DE PÉRAUDIERE.

Sans doute ; mais je crains....

M. DE BOURSAULE.

Quoi ?

Q iv

Mad. DE PÉRAUDIERE.

Que Monsieur le Chevalier, ne soit pas si pressé de conclure que nous.

M. DE BOURSAULE.

Comment donc?

Le CHEVALIER.

Madame, vous vous trompez; rien ne peut me faire autant de plaisir, que tout ce qui pourra hâter mon bonheur.

Mad. DE PÉRAUDIERE.

Vous l'entendez, ma fille?

Mlle DE PÉRAUDIERE.

Oui, ma mere.

M. DE BOURSAULE.

Tout cela, ce sont des propos qui ne sont bons à rien. Monsieur Bourdin, avez-vous là notre contrat?

M. BOURDIN.

Oui, Monsieur.

M. DE BOURSAULE.

Allons, faites-les signer, je signerai après.

M. BOURDIN.

Je vais lire. (*Il lit.*) Pardevant.....

Mad. DE PÉRAUDIERE.

Eh! non, Monsieur, à quoi bon, d'abord que

mon beau-frere a tout réglé? Je crois que Monſieur le Chevalier eſt comme moi, qu'il s'en rapportera bien à lui. (*Elle ſigne.*) Allons, ſignez, Chevalier, prenez que l'année ſoit finie.

Le CHEVALIER.

Vous plaiſantez ; mais je vous aſſure que je ſuis plus heureux que vous ne le ſerez.(*Il ſigne.*)

Mad. DE PÉRAUDIERE.

Allons, allons, à la bonne-heure. C'eſt à vous, ma fille.

Mlle DE PÉRAUDIERE.

Très-volontiers. (*Elle ſigne.*)

Mad. DE PÉRAUDIERE.

C'eſt bien fait de faire les choſes de bonne grace.

M. DE BOURSAULE.

Je veux ſigner auſſi. (*Il ſigne.*) Monſieur Bourdin ira ſe repoſer, en attendant le ſouper. (*M. Bourdin s'en va.*)

SCENE DERNIERE.

Mad. DE PÉRAUDIERE, M. DE BOURSAULE, Mlle DE PÉRAUDIERE, Le CHEVALIER, VICTOIRE.

M. DE BOURSAULE.

Vous voyez bien que je fais finir une affaire tout de suite, moi?

Mad. DE PÉRAUDIERE.

Celle-là ne devoit rencontrer aucune difficulté, je pense.

M. DE BOURSAULE.

Ma niece craignoit pourtant que vous ne vous opposassiez à leur mariage; mais, moi, j'étois déterminé à tout; & je crois que j'avois ce droit-là, puisque je donne à ma niece ma Terre de Boursaule.

Mad. DE PÉRAUDIERE.

Qu'est-ce que vous dites donc, mon beau-frere?

M. DE BOURSAULE.

Je dis, qu'en la mariant au Chevalier....

Mad. DE PÉRAUDIERE.

Qu'eſt-ce que vous parlez de la marier au Chevalier?

M. DE BOURSAULE.

Mais celui-là eſt fort bon! Vous êtes excellente avec vos queſtions! Quoi! nous ne venons pas de la marier au Chevalier?

Mad. DE PÉRAUDIERE.

Mais, non; c'eſt moi...

M. DE BOURSAULE.

Vous?

Mad. DE PÉRAUDIERE.

Sans doute.

M. DE BOURSAULE.

En vérité, ma chere ſœur, la tête vous tourne.

Mad. DE PÉRAUDIERE.

Expliquez donc cela, Mademoiſelle?

Mlle DE PÉRAUDIERE.

Je ſuis au déſeſpoir de vous avoir trompé, ma mere; mais le haſard a encore plus fait que nous n'aurions pu l'eſpérer.

Mad. DE PÉRAUDIERE.

Je ſuis trahie! Non, je ne veux jamais vous revoir ni l'un ni l'autre.

Le CHEVALIER.

Ah! Madame! croyez....

Mad. DE PÉRAUDIERE.

Non, non, ne me parlez jamais. (*Elle s'en va.*)

Mlle DE PÉRAUDIERE.

Nous ne nous croyions pas si près d'être heureux, Chevalier.

Le CHEVALIER.

Rien ne peut égaler mon bonheur ! (*Il lui baise la main.*)

M. DE BOURSAULE.

Qu'est-ce que cela signifie ?

Mlle DE PÉRAUDIERE.

Nous vous expliquerons cela, mon oncle.

M. DE BOURSAULE.

Oui, oui, allons-nous-en souper.

VICTOIRE.

Monsieur, écrirai-je à Mademoiselle Alari d'envoyer ici la corbeille ?

Le CHEVALIER.

Vous me ferez plaisir ; mandez-lui d'y joindre une montre pour vous, ma chere Victoire.

VICTOIRE.

Monsieur, je vous remercie.

Fin du cinquante-sixième Proverbe.

L'OFFICIER

DU

GOBELET,

CINQUANTE-SEPTIEME PROVERBE.

PERSONNAGES.

M. DE SAINT-BRICE, *Capitaine d'Infanterie. En habit de ratine, moire-doré, boutons d'or, épée & chapeau.*

M. DUPARC, *Capitaine de Cavalerie. Habit de velours noir, veste d'or, épée & chapeau.*

M. DE PLAVEAU, *Bailli de Nogent & Officier du Gobelet. En robe-de-chambre, la veste pareille, de bien vieille étoffe, perruque à nœuds.*

MARIANNE, *Servante. Robe d'indienne, retroussée dans les poches, bonnet & tablier.*

La Scène est à Versailles, dans une Auberge, dans la chambre de M. de Saint-Brice.

L'OFFICIER

DU

GOBELET,

PROVERBE.

SCENE PREMIERE.

M. DE S. BRICE, M. DU PARC, MARIANNE, *les éclairant.*

M. DU PARC.

C'EST donc ici où tu loges ?

M. DE S. BRICE.

Oui, pour deux ou trois jours, je ne fuis pas mal.

M. DU PARC.

Tu es fort bien. Si je logeois à l'auberge,

je logerois ici, à caufe de cette belle Enfant-
là. (*Il prend Marianne par le bras, il veut l'em-*
braſſer.)

MARIANNE.

Finiſſez, Monſieur.

M. DU PARC.

Comment ! tu fais la cruelle, je crois?

MARIANNE.

Non, Monſieur ; mais c'eſt que je n'aime
pas ces manieres-là.

M. DU PARC.

Ah ! tu n'aimes pas ces manieres-là. (*Il la*
pourſuit, elle ſe défend & le repouſſe.)
Elle eſt plus forte que moi. Elle m'a dé-
chiré mes manchettes.

MARIANNE.

J'en ſuis bien-aiſe. Pourquoi badinez-vous,
auſſi ?

M. DU PARC.

Attends-moi.

MARIANNE, *s'en allant.*

Je ne vous crains pas. Monſieur ; vous n'avez
beſoin de rien ?

M. DE S. BRICE.

Non pas à préſent.

MARIANNE.

MARIANNE.

S'il vous faut quelque chose , vous le direz.

SCENE II.

M. DE S. BRICE , M. DU PARC.

M. DU PARC.

POURQUOI ne veux-tu pas venir souper chez Madame de St. Placide ? c'est une très-bonne maison.

M. DE S. BRICE.

Je le sais bien.

M. DU PARC.

Elle t'en a prié : & si tu reviens ici quelquefois , tu seras bien-aise de la trouver.

M. DE S. BRICE.

Si mon affaire se finit , je ne crois pas qu'on m'y revoye de si-tôt.

M. DU PARC.

Oui ; mais il faut qu'elle se fasse.

M. DE S. BRICE.

C'est pour cela que je veux faire mon mémoire , afin de le présenter demain.

Tome IV. R

M. DU PARC.

Tu trouverois, peut-être, chez Madame de
St. Placide, des gens qui pourroient te servir.

M. DE S. BRICE.

Qui ?

M. DU PARC.

Des premiers Commis, il en vient beaucoup chez elle, & qui sont très-honnêtes.

M. DE S. BRICE.

Tu as raison, diable !

M. DU PARC.

Quand je te dis, allons ; viens, viens.

M. DE S. BRICE.

Je veux faire mon mémoire avant, il est
encore de bonne-heure.

M. DU PARC.

Et qu'est-ce que c'est que ton affaire ?

M. DE S. BRICE.

On m'a dit que j'aurois de la peine à
l'obtenir.

M. DU PARC.

Il faut en parler à Madame de St. Placide.

M. DE S. BRICE.

Si tu crois qu'elle puisse m'y servir, je
ne demande pas mieux.

M. DU PARC.

Je te dis que c'est la meilleure femme du monde, & la plus obligeante.

M. DE S. BRICE.

Voici de quoi il est question. J'ai passé l'hyver chez mon pere, comme tu sais.

M. DU PARC.

Oui. Quel âge a-t-il ton pere?

M. DE S. BRICE.

Soixante & quinze ; mais il se porte bien.

M. DU PARC.

Il faudroit demander la survivance de sa Lieutenance de Roi.

M. DE S. BRICE.

C'est cela justement que je veux.

M. DU PARC.

Tu as raison.

M. DE S. BRICE.

Tu connois Mademoiselle Adélaïde?

M. DU PARC.

La fille de Madame de la Belliere, à Douai?

M. DE S. BRICE.

Eh! non.

M. DU PARC.

Ah ! la fille de Monfieur des Foins, votre Major.

M. DE S. BRICE.

Juftement : elle eft charmante !

M. DU PARC.

Mais il me femble que non.

M. DE S. BRICE.

C'eft que tu ne te la rappelles pas.

M. DU PARC.

Et parbleu fifait ; n'eft-ce-pas une grande fille, pâle, qui avoit mal à la poitrine ?

M. DE S. BRICE.

Oui ; mais ce mal-là n'eft rien, notre Chirurgien Major l'a entrepris, il m'a promis qu'avant un mois elle feroit guérie.

M. DU PARC.

Si tu avois connu le notre ! il n'en manquoit pas des maladies de poitrine ; c'étoit bien le plus habile homme du monde. Acheves donc. Je parie que tu es amoureux de Mademoifelle Adélaïde.

M. DE S. BRICE.

Il eft impoffible de l'aimer davantage.

M. DU PARC.

Et t'aime-t-elle auffi, elle ?

M. DE S. BRICE.

Tout ce qu'on peut aimer; & je parie que
fa langueur ne vient que de ce que fon pere
ne veut pas confentir à notre mariage.

M. DU PARC.

Quoi ! le bonhomme des Foins, eft donc
un peu entêté ?

M. DE S. BRICE.

Que trop. Il n'y a que dans le cas où
j'aurois la furvivance de mon pere, qu'il le
voudroit bien.

M. DU PARC.

Je le crois.

M. DE S. BRICE.

Mon pere à écrit à fon ancien Colonel, qui
l'aimoit beaucoup, il venoit de mourir. Il
a encore écrit, pour cette furvivance, à bien
des Officiers généraux de fa connoiffance,
fous lefquels il avoit fervi, quelques-uns ne
lui ont pas répondu & les autres lui ont mandé
qu'on n'accordoit plus de furvivances; & comme il y a un de fes camarades qui en a obtenu
une pour fon fils, j'ai pris le parti de venir
ici ; ce n'a pas été fans être défefpéré de me
féparer de Mademoifelle Adélaïde.

R iij

M. DU PARC.

Il faudra conter tout cela à Madame de St. Placide. Si tu veux, je la préviendrai.

M. DE S. BRICE.

N'oublies pas de dire que c'est celle du Lieutenant de Roi du Quesnoi, qui a été accordée.

M. DU PARC.

Celle du Quesnoi?

M. DE S. BRICE.

Il y a six semaines.

M. DU PARC.

Ah! ça! tu viendras bientôt?

M. DE S. BRICE.

Oui, quand j'aurai fini mon mémoire.

M. DU PARC.

Allons, c'est bon; je m'en vais t'annoncer. Ne sois pas long-temps.

M. DE S. BRICE.

Non, non.

M. DU PARC.

Adieu.

SCENE III.

M. DE S. BRICE, *cherchant dans le tiroir de la Table.*

Il n'y a ici ni plume, ni encre. Voyons fi j'en ai. (*Il fouille dans fes poches.*) J'ai oublié mon écritoire auffi. La Fille? Il n'y a pas des fonnettes ici ! La Fille?

SCENE IV.

M. DE S. BRICE, MARIANNE.

MARIANNE.

On y va.

M. DE S. BRICE.

Allons donc.

MARIANNE.

Qu'eft-ce que vous voulez, Monfieur?

M. DE S. BRICE.

Une écritoire.

MARIANNE.

Eft-ce qu'il n'y en a pas là? Ce matin....

M. DE S. BRICE.

J'y ai regardé.

R iv

MARIANNE, *s'en allant.*

Vous en allez avoir tout-à-l'heure.

M. DE S. BRICE.

Pourvu que je me souvienne de ce qu'il y avoit dans ce mémoire. (*Il rêve.*)

MARIANNE, *revenant.*

Monsieur, voilà de l'encre.

M. DE S. BRICE.

Et une plume ?

MARIANNE, *s'en allant.*

Vous ne dites pas, aussi.

M. DE S. BRICE.

Allez, allez.

MARIANNE, *revenant avec une plume.*

Tenez, voilà une plume.

M. DE S. BRICE.

Et du papier donc ?

MARIANNE, *s'en allant.*

Il falloit donc le dire en même-temps. Pardi ! il vous faut bien des choses, toujours.

M. DE S. BRICE.

Ce diable de mémoire que j'ai perdu ! (*Il cherche dans ses poches.*) Voyons encore. (*Il regarde tous ses papiers & il baise une lettre.*) Ah ! chere Adélaïde !

MARIANNE, *revenant avec du papier, &c.*

Voilà tout ce qu'il vous faut, n'est-ce pas?

M. DE S. BRICE.

C'est bon, laissez-moi.

MARIANNE.

Il ne vous faut plus rien?

M. DE S. BRICE.

Non.

SCENE V.

M. DE S. BRICE, Une VOIX *dans la chambre prochaine.*

M. DE S. BRICE, *se mettant à écrire.*

IL faudra bien que je me souvienne de ce qui étoit dans ce mémoire. (*Il rêve.*) Oui, je crois que voilà comme il commençoit. (*Il écrit.*)

La VOIX, *sur des tons différens.*

A boire pour le Roi. A boire pour le Roi.

M. DE S. BRICE, *écoutant.*

Qu'est-ce que j'entends là?

La VOIX.

A boire pour le Roi. A boire pour le Roi. A boire pour le Roi.

M. DE S. BRICE.

Que diable eſt-ce que cela veut dire?

La VOIX.

A boire pour le Roi. A boire pour le Roi.

M. DE S. BRICE.

Je n'entends pas bien. Qu'importe-t-il?

La VOIX.

A boire pour le Roi. A boire pour le Roi.

M. DE S. BRICE.

Cela m'a fait oublier.... Il faudra bien que je le retrouve. (*Il rêve.*)

La VOIX.

A boire pour le Roi.

M. DE S. BRICE.

Encore? Ah! je n'entends plus rien. (*Il rêve.*) Ah!... dire que je ne puiſſe pas me ſouvenir!...

La VOIX.

A boire pour le Roi. A boire pour le Roi. A boire pour le Roi. A boire pour le Roi.

M. DE S. BRICE.

Je n'y tiens pas!...

La VOIX.

A boire pour le Roi.

M. DE S. BRICE.

Je ne comprends pas qui ce peut être, il

ſemble qu'il y a trois ou quatre voix.

La VOIX.

A boire pour le Roi. A boire pour le Roi.

M. DE S. BRICE.

Il m'eſt impoſſible de rien faire du tout, tant que cela continuera.

La VOIX.

A boire pour le Roi. A boire pour le Roi. A boire pour le Roi.

M. DE S. BRICE.

Il faut ſavoir ce que c'eſt. (*Il frappe contre le mur.*) Qu'eſt-ce qui eſt là ?

La VOIX.

C'eſt moi.

M. DE S. BRICE.

Qui, vous ?

La VOIX.

J'ai l'honneur d'être votre voiſin, Monſieur, & ſi vous voulez, je m'en vais vous aller voir.

M. DE S. BRICE.

Qu'eſt-ce que vous avez ?

La VOIX.

Je m'en vais vous le dire, Monſieur, je m'en vais vous le dire.

M. DE S. BRICE.

Ce fera fûrement quelque importun, ou quelque fou.

SCENE VI.

M. DE S. BRICE, M. DE PLAVEAU.

M. DE PLAVEAU, *à la porte.*

Est-il permis d'entrer ?

M. DE S. BRICE.

Entrez.

M. DE PLAVEAU, *en robe-de-chambre, une chandelle à la main.*

Monfieur , j'ai bien l'honneur de vous faluer.

M. DE S. BRICE.

Monfieur , je fuis votre ferviteur.

M. DE PLAVEAU.

Monfieur, je vous demande bien pardon de paroître comme cela devant vous ; mais c'eft que c'eft mon ufage, quand je fuis rentré chez moi, de me mettre en robe-de-chambre ; parce que vous entendez bien ; cela fait que.... je dis.... enfin, l'on eft plus à fon aife.

M. DE S. BRICE.

C'eſt vrai.

M. DE PLAVEAU.

Monſieur, il me paroît que vous êtes en affaire, vous avez là une plume & de l'encre....

M. DE S. BRICE.

Oui, Monſieur, j'ai un mémoire de très-grande conféquence à écrire, & je n'ai pas de temps à perdre.

M. DE PLAVEAU.

Oh! oui, quand on vient dans ce pays-ci.... je m'en doutois bien.... parce que....

M. DE S. BRICE.

C'eſt ce qui fait que je ne vous propoſe pas de vous aſſeoir.

M. DE PLAVEAU.

Oh! moi, vous vous moquez, je ne m'aſſis jamais ; je reſterois comme cela toute la journée. Permettez feulement que je mette ma chandelle fur votre table.

M. DE S. BRICE.

Non, je ne veux pas vous déranger ; car vous avez auſſi affaire, vous, Monſieur, à ce qu'il me femble ?

M. DE PLAVEAU.

Oui vraiment, & je n'ai pas de temps à perdre non plus ; car c'est demain... Vous ne favez pas.... C'est que....

M. DE S. BRICE.

Quand on n'est ici que pour peu de temps....

M. DE PLAVEAU.

Oh ! moi, j'y suis pour trois mois, & c'est parce que.... Vous avez été étonné de ce que vous entendiez ?

M. DE S. BRICE.

Un peu, & si vous pouviez parler un peu plus bas....

M. DE PLAVEAU.

Plus bas ?

M. DE S. BRICE.

Oui, vous me feriez plaisir.

M. DE PLAVEAU.

Cela est bien difficile, ce n'est pas que je veuille faire ce que vous voudriez ; car, moi... Monsieur est Officier, je crois ?

M. DE S. BRICE.

Oui, Monsieur.

M. DE PLAVEAU.

Je le disois bien ; quand je vois qu'on a,

comme cela, la croix, je dis, il faut que ce
foit quelqu'un qui ferve ou qui a fervi; car
nous avons une Etape à Nogent.

M. DE S. BRICE.
Vous êtes de Nogent?

M. DE PLAVEAU.
Oui, Monfieur, je me nomme Plaveau,
& je fuis Officier auffi, moi; mais pas de
même que vous, je fuis Officier de Juftice,
j'en fuis le Bailli; & j'ai voulu être encore Officier autrement; c'eft à dire.... avoir une charge.... C'eft bien une charge que celle de
Bailli; mais je veux dire une charge plus
honorable, quand je dis plus honorable; c'eft-
à-dire une charge chez le Roi.

M. DE S. BRICE.
Vous êtes Officier du Roi?

M. DE PLAVEAU.
Oui, Monfieur, j'ai cet honneur-là, je fuis
Officier du Gobelet.

M. DE S. BRICE.
Ah! c'eft très-bien, Monfieur: je vous
fouhaite le bon foir.

M. DE PLAVEAU.
Monfieur, vous avez bien de la bonté;

mais pour en revenir à ce que nous difions ;
c'eft une charge où il faut parler devant le
Roi. Je fuis bien accoutumé à parler en
Public ; car j'ai été reçu Avocat à Bourges,
& puis je juge tous les jours ; c'eft-à-dire
quand il y a des caufes à mon Bailliage,
pour lors je parle ; mais parler devant le Roi,
c'eft bien différent, & il faut un peu s'étudier
pour cela.

M. DE S. BRICE.

En ce cas-là, Monfieur, je vous demande
bien pardon de vous avoir interrompu, je
fuis bien votre fervieur.

M. DE PLAVEAU.

Vous ne m'avez point interrompu, Monfieur, au contraire, & je penfe une chofe
même.

M. DE S. BRICE.

Quoi ?

M. DE PLAVEAU.

Vous pourriez.... je dis, fi vous vouliez,
vous pourriez me donner votre avis fur la
maniere dont....

M. DE S. BRICE.

Une autre fois, tant que vous voudrez.

M.

M. DE PLAVEAU.

C'eſt bien honnête à vous, Monſieur ; mais c'eſt demain que je commence , &....

M. DE S. BRICE.

J'en ſuis bien fâché , mais....

M. DE PLAVEAU.

C'eſt l'affaire d'un inſtant.

M. DE S. BRICE.

En vérité, je ne peux pas.

M. DE PLAVEAU.

Je vous en prie. Demain, quand le Roi ſera à table ; car j'ai déjà vu tout cela , il eſt là , & moi ici. Le Roi demande à boire , & moi voilà ce que je dis auſſitôt : à boire pour le Roi.

M. DE S. BRICE.

C'eſt fort bien.

M. DE PLAVEAU.

Oui ; c'eſt ce que je dois dire ; mais c'eſt le ton que je cherche , j'ai envie de dire comme cela *. A boire pour le Roi, ou à boire pour le Roi, ou à boire pour le Roi, non, je n'y ſuis pas.

M. DE PLAVEAU.

Je trouve que c'eſt fort bien.

---

* Il prend différens tons.

M. DE PLAVEAU.

Non, j'avois trouvé un autre ton, à Nogent, que je cherche. Ah! je crois que le voilà : écoutez, je vous prie. A boire pour le Roi, non, non. A boire pour le Roi ; ce n'est pas tout-à-fait cela , je le sens bien.

M. DE S. BRICE.

Je vous assure que c'est à merveille.

M. DE PLAVEAU.

Vous me flattez ; mais si vous m'aviez entendu à Nogent, vous verriez bien... tenez, voilà, je crois, comme je disois : à boire pour.... je ne saurois retrouver ce ton-là ; mais d'ici à demain , il faudra bien en venir à bout.

M. DE S. BRICE.

Sûrement , je vous demande bien pardon, mais....

M. DE PLAVEAU.

C'est juste , il faut que chacun fasse ses affaires , je suis bien-aise d'avoir fait l'honneur de votre connoissance; parce qu'on cause quelquefois.

M. DE S. BRICE.

Prenez donc votre lumiere.

M. DE PLAVEAU.

Ah! oui, j'oubliois.... quand on a quelque

chofe comme cela dans la tête.... Je vous remercie bien , Monfieur , je fuis votre très-humble ferviteur. (*Il fort.*)

M. DE S. BRICE.

Enfin , le voilà parti !

M. DE PLAVEAU , *revenant.*

Monfieur, je penfe une chofe ; fi je pouvois vous être utile pour votre mémoire....

M. DE S. BRICE.

Non, Monfieur, je vous prie de vouloir bien...

M. DE PLAVEAU.

Je fais acte de bonne volonté , au moins.

M. DE S. BRICE.

Je vous en fuis bien obligé , permettez que je finiffe mon mémoire. (*M. de Plaveau fort & revient.*)

M. DE PLAVEAU.

Ah ! je le tiens pour le coup , tenez Monfieur , écoutez. A boire pour le Roi , non, ce n'eft pas cela, je vous demande bien pardon. (*Il ferme mal la porte.*)

M. DE S. BRICE.

Et laiffez la porte.

M. DE PLAVEAU.

C'eft que la clef....

M. DE S. BRICE.

Cela ne fait rien.

M. DE PLAVEAU.

Je vous souhaite bien le bon soir. Si je retrouve le ton de Nogent, je viendrai vous le dire.

M. DE S. BRICE.

Adieu, adieu.

SCENE VII.

M. DE S. BRICE, M. DE PLAVEAU
dans sa chambre.

M. DE S. BRICE.

Le diable emporte l'importun. (*Il s'assied.*) L'impatience dérange plus la mémoire! (*Il rêve.*) Ah! m'y voilà. (*Il écrit.*) Fort-bien. Après, qu'est-ce qu'il y avoit? (*Il cherche.*)

M. DE PLAVEAU.

A boire pour le Roi, à boire pour le Roi.

M. DE S. BRICE.

Ah! le voilà qui recommence. Je voudrois que.... Ne l'écoutons pas. (*Il rêve.*)

M. DE PLAVEAU.

A boire pour le Roi, à boire pour le Roi.

M. DE S. BRICE.

Je ne ferai jamais rien de la foirée.

M. DE PLAVEAU.

A boire pour le Roi, à boire pour le Roi.

M. DE S. BRICE.

Voyons l'heure qu'il eſt. Comment, dix heures moins un quart. (*Il ſe leve.*)

M. DE PLAVEAU.

A boire pour le Roi.

M. DE S. BRICE.

Demain matin , je me leverai de bonne heure. (*Il prend ſon épée & ſon chapeau.*)

M. DE PLAVEAU.

A boire pour le Roi. M. l'Officier, je le tiens, écoutez, à boire pour le Roi ; entendez-vous ?

M. DE S. BRICE.

Allons-nous-en , car il va venir. (*Il ſort.*)

SCENE DERNIERE.

M. DE PLAVEAU, *dans sa chambre.*

Monsieur l'Officier, j'y suis. A boire pour le Roi. Etes-vous content de cela? (*Il vient avec sa lumiere à la main.*) A boire pour le Roi. (*Il est étonné de ne plus trouver M. de S. Brice.*) Il est sorti, j'en suis bien fâché ; mais je ne veux pas oublier ce ton-là, toujours. (*Il s'en va en disant.*) A boire pour le Roi, à boire pour le Roi.

Fin du cinquante-septième Proverbe.

LA

RECOMMANDATION,

CINQUANTE-HUITIÈME PROVERBE.

PERSONNAGES.

M. DE LA BRUYERE, *Conseiller-d'État.*
Habit noir, perruque de Conseiller-d'État.

Mad. DE LA BRUYERE. *Coëffée en che-*
veux, & point habillée.

LA COMTESSE DE SAINT-LÉGER.
Bien mise, avec un collet-monté.

M. DUMONT. *Habit & veste grise, boutons*
d'or, chapeau & épée.

LE GRAND, *Valet-de-chambre de Madame*
de la Bruyere. Habit rouge, complet, à
boutons d'or.

La Scène est chez Madame de la Bruyere, dans
son Boudoir.

LA
RECOMMANDATION,
PROVERBE.

SCENE PREMIERE.

Mad. DE LA BRUYERE, M. DE LA BRUYERE.

Mad. DE LA BRUYERE, *lifant, un mouchoir à la main.*

Qui est là?... Ah! c'est vous, Monsieur?

M. DE LA BRUYERE.

Dans quel état vous voilà?

Mad. DE LA BRUYERE:

Vous me voyez dans le plus grand attendrissement.

M. DE LA BRUYERE.

Quoi ! toujours avec vos Romans ?

Mad. DE LA BRUYERE.

Oui, celui-ci eſt charmant !

M. DE LA BRUYERE.

Bon ; c'eſt toujours la même choſe.

Mad. DE LA BRUYERE.

Vous le croyez, & vous n'en avez, peut-être, jamais lû.

M. DE LA BRUYERE.

Pardonnez-moi, autrefois, au College ; mais c'eſt du temps perdu.

Mad. DE LA BRUYERE.

Je ne trouve pas cela. Quand des gens vraiment vertueux éprouvent des malheurs qu'ils pourroient faire ceſſer, s'ils étoient capables de renoncer à l'honneur, à la vertu ; ces ſituations ſont ſi intéreſſantes, ſi touchantes, que je voudrois connoître ces malheureux, pour pouvoir les conſoler, adoucir leurs maux, les partager ; ce deſir eſt une jouiſſance délicieuſe !

M. DE LA BRUYERE.

Vous n'avez pas beſoin de ces livres-là,

pour jouir de toute la délicateſſe, de toute la
ſenſibilité de votre ame.

Mad. DE LA BRUYERE.

A quoi bon me flatter ? Je ſuis bien-aiſe
que vous ayez bonne opinion de moi, cer-
tainement ; mais convenez que vous ſeriez
fâché de me voir de l'orgueil ?

M. DE LA BRUYERE.

Je ne vous en crois pas capable.

Mad. DE LA BRUYERE.

Et moi, je craindrois d'être toute prête
d'en avoir, étant louée par vous.

M. DE LA BRUYERE.

Pourquoi ne pas louer ce qu'on aime ;
pourquoi ne pas lui rendre juſtice ?

Mad. DE LA BRUYERE.

Ah ! parce que lorſque l'on aime, on peut
s'aveugler ſur l'objet de ſon amour, & en lui
ſuppoſant une perfection auſſi grande, on
peut l'empêcher d'acquérir la véritable.
Quand on eſt bien content de ſoi, on eſt bien
près de mériter de ne plus l'être.

M. DE LA BRUYERE.

Pourquoi cela ?

Mad. DE LA BRUYERE.

Mon Dieu! l'on eſt ſi récompenſé de faire le bien; on goûte une ſi grande ſatisfaction, qu'il n'y a pas un grand mérite à s'en occuper.

M. DE LA BRUYERE.

C'eſt pouſſer trop loin le ſcrupule: lorſque les autres en jouiſſent, c'eſt toujours bien fait, n'importe quel en eſt le principe.

Mad. DE LA BRUYERE.

Vous parlez en homme d'état, ainſi chacun de nous fait ſon métier.

M. DE LA BRUYERE.

Vous faites bien celui d'une femme qui mérite l'eſtime & l'amour de ſon mari.

Mad. DE LA BRUYERE.

Comment ne ſerois-je pas occupée de plaire à l'homme que j'aime & que j'eſtime le plus? Notre bonheur commun dépend de nous; vous penſez aſſez ſolidement pour fuir les gens frivoles, légers ou perfides; comment ne les haïrois-je pas, & comment pourrois-je les craindre? L'amour ne ſe trouve pas toujours avec l'eſtime; mais quand ils

sont réunis, rien ne peut détruire un attachement de cette espece.

M. DE LA BRUYERE.

Je suis bien-aise de vous voir cette façon
de penser.

Mad. DE LA BRUYERE.

Si vous étiez capable de quelque goûts
passagers, je vous plaindrois ; parce que les
remords ne vous en laisseroient pas jouir tran-
quillement. On est point jaloux de ce qu'on
estime véritablement.

M. DE LA BRUYERE.

Vous me charmez ! je ne vous ferai point de
ces protestations, ridicules souvent ; parce
qu'on ne peut pas répondre d'une foiblesse
quand on est homme ; mais ces remords dont
vous me parlez, m'effrayent si fort, que je
me crois au-dessus de danger.

Mad. DE LA BRUYERE.

Ayez de la confiance en moi, & nous nous
aimerons toujours.

M. DE LA BRUYERE.

Dites une estime réciproque, une amitié
durable nous réunira sans cesse ; le passage de
l'amour à l'amitié sera insensible, & l'habitude

du bonheur l'établira si vivement en nous, que rien ne pourra le détruire.

M. DE LA BRUYERE.

Vous me charmez, chaque jour, de plus en plus, oui…

SCENE II.

Mad. DE LA BRUYERE, M. DE LA BRUYERE, La COMTESSE, LE GRAND.

LE GRAND.

Madame la Comtesse de S. Léger.

M. DE LA BRUYERE.

Que veut cette femme ?

Mad. DE LA BRUYERE.

Elle auroit été bien surprise, si elle nous avoit entendus.

La COMTESSE.

Madame, je suis désespérée de ne m'être pas trouvée chez moi, lorsque vous m'avez fait l'honneur d'y venir.

Mad. DE LA BRUYERE.

Il est vrai, Madame, qu'on ne vous trouve guere.

La COMTESSE.

Oui , je fors beaucoup ; pour Monfieur de la Bruyere, on ne le voit nulle part ; & depuis Fontainebleau , je ne l'ai pas rencontré une feule fois.

M. DE LA BRUYERE.

Cependant , la femaine derniere , à Ver- failles. . . .

La COMTESSE.

Eh ! mon Dieu, oui, à propos, je ne fais ce que je dis. Madame, comment vous trou- vez-vous de ce temps-là ?

Mad. DE LA BRUYERE.

Mais , Madame, affez bien.

La COMTESSE.

Vous êtes bien-heureufe ; pour moi , il y a des jours où je fuis anéantie , & , fi cela dure.... A propos , Madame , aimez-vous toujours les Tragédies ?

M. DE LA BRUYERE.

Oui , Madame, & beaucoup.

La COMTESSE.

Vous en allez avoir une nouvelle , à ce qu'on m'a dit, qui fera admirable ; j'ai fait louer une loge , parce que je n'en ai pas à ce fpectacle-là, je ne le puis fouffrir ; je ne vais qu'à l'Opéra & aux Italiens; mais pour cette Piece-là, je veux abfolument la voir : fi vous n'aviez pas de loge, & que vous vouluffiez....

Mad. DE LA BRUYERE.

Ma belle-fœur aura la fienne, Madame; mais je ne vous en fuis pas moins obligée de votre offre.

La COMTESSE.

C'eft qu'on entend parler pendant huit jours d'une Piece nouvelle, & quand on n'eft pas au fait, cela ennuie à mourir. Les livres nouveaux, par la même raifon, me mettent au défefpoir; c'eft la même chofe.

M. DE LA BRUYERE.

Quoi ! Madame, vous n'aimez pas la lecture ?

La COMTESSE.

Pardonnez-moi, affez, quand je travaille fur-tout, cela me diftrait; mais autrement, cela fait perdre trop de temps : j'ai toujours du monde, je fors beaucoup & on ne peut pas fuffire à tout ce que l'on a à faire. D'un autre côté, mes voyages de Verfailles....

M. DE LA BRUYERE.

Mais là, Madame, n'auriez-vous pas le temps de lire pendant vos femaines ?

La

La COMTESSE.

Non vraiment, j'écris ; que c'est affreux !
& puis j'ai commencé un ouvrage charmant ;
je ne saurois le quitter : j'ai déja fini un
fauteuil.... Madame, il faut que je vous dise
comment il est.

Mad. DE LA BRUYERE.

Voyons, Madame, parce que je veux faire
un meuble.

La COMTESSE.

Oh ! il faut que vous fassiez le mien.
Imaginez, Madame, un fond.... je ne peux
pas vous bien dire.... ce n'est pas jaune, ce n'est
pas blanc ; c'est souffre pâle, ou paille ; oui
c'est paille : un ruban couleur de noisette
& bleu, qui entoure un faisceau de roses,
qui fait la bordure ; le milieu , des pavots
& des lis , avec des grenades & des instru-
mens de musique.

Mad. DE LA BRUYERE.

Cela doit être superbe !

La COMTESSE.

Vous imaginez bien ?

Tome IV.   T

M. DE LA BRUYERE.

Et vous vous affeierez fur des inftrumens de mufique?

La COMTESSE.

Oui vraiment. Mais, à propos, vous avez raifon, cela eft abfurde ! Allons me voilà dégoutée de mon meuble, je ne l'acheverai pas. Ah! ça! je m'en vais voir Madame votre fœur.

Mad. DE LA BRUYERE.

Eh bien ! paffez par ici.

La COMTESSE.

Voulez-vous bien, Madame?

Mad. DE LA BRUYERE.

Sans doute, c'eft plus court.

La COMTESSE.

Ah! mon Dieu! j'oubliois; j'ai une affaire à vous, Monfieur de la Bruyere; c'eft même ce qui m'a fait fortir de bonne-heure; parce que plus tard, je craignois de ne pas vous trouver.

M. DE LA BRUYERE.

Voulez-vous bien me dire ce que c'eft?

La COMTESSE.

C'eft une perfécution ; mais vous n'en ferez que ce que vous voudrez.

M. DE LA BRUYERE.

Pourquoi? Si cela vous intéresse , je serai charmé....

La COMTESSE.

Vraiment cela m'intéresse beaucoup; c'est-à-dire, comme cela; c'est mon oncle qui me tourmente pour faire placer le fils de son Receveur, un joli sujet; il est là dans votre antichambre.

M. DE LA BRUYERE.

Voulez-vous que je le fasse entrer ?

La COMTESSE.

Fi donc! Mon oncle prétend que vous avez des Bureaux; j'ai son mémoire quelque part; voyons dans mon sac : bon! je l'ai laissé chez moi. Enfin je lui dirai que je vous en ai parlé : m'en voilà quitte.

M. DE LA BRUYERE.

Mais , si je pouvois?...

La COMTESSE.

Non, je ne veux pas vous tourmenter davantage là-dessus. Madame, vous voulez donc bien que je passe par-là ?

Mad. DE LA BRUYERE.

Pour cela , sûrement.

T ij

La COMTESSE.

Je reviendrai par-ici ; ainſi, je vous verrai en ſortant.

Mad. DE LA BRUYERE.

Je l'eſpere bien.

La COMTESSE.

Où voulez-vous donc aller, Monſieur de la Bruyere ? Ah! ça! je dirai à mon oncle que cela ne ſe peut pas : me voilà débarraſſée. Reſtez donc là, je vous prie.

M. DE LA BRUYERE.

Puiſque vous le voulez....

La COMTESSE.

Sans doute, ſans doute.

SCENE III.

M. DE LA BRUYERE, Mad. DE LA
BRUYERE.

Mad. DE LA BRUYERE.

Voila un homme bien recommandé !

M. DE LA BRUYERE.

Comment voulez-vous que cela ſoit autrement, avec une femme comme celle-là ?

Mad. DE LA BRUYERE.

C'eſt inconcevable tout ce qu'elle dit. Mais
cet homme - là la croit fort occupée de
ſon affaire.

M. DE LA BRUYERE.

Sûrement.

Mad. DE LA BRUYERE.

Tenez, cela me fait de la peine ; c'eſt peut-
être quelque malheureux qui n'a aucune reſſource.

M. DE LA BRUYERE.

Cela ne ſeroit pas étonnant ; il y a tan
de gens qui meurent de faim.

T iij

Mad. DE LA BRUYERE.

Monfieur, fi vous pouviez faire quelque chofe pour lui.

M. DE LA BRUYERE.

Mais je ne le connois pas.

Mad. DE LA BRUYERE.

C'eft peut-être réellement un bon fujet; voyez-le.

M. DE LA BRUYERE.

Il peut être bon fujet ; mais il faut qu'il fache travailler.

Mad. DE LA BRUYERE.

Avez-vous une place à donner ?

M. DE LA BRUYERE.

Oui, j'en ai une.

Mad. DE LA BRUYERE.

Eh bien! parlez-lui, vous jugerez facile_ment dequoi il eft capable. S'il n'avoit pas compté fur Madame de St. Léger, il auroit trouvé quelqu'un qui l'auroit mieux protégé : ne m'ôtez pas cette fatisfaction.

M. DE LA BRUYERE.

Ah ! mon Dieu! de tout mon cœur.

Mad. DE LA BRUYERE.

Je voudrois que vous puiffiez faire quelque

chofe pour lui , quand ce ne feroit que pour
faire fentir à la Comteffe , que , quand on ne
fait pas mieux les affaires dont on fe charge ,
on ne devroit pas s'en mêler ; & qu'on y fait
plus de tort que de bien.

M. DE LA BRUYERE.

Je m'en vais le faire entrer. (*Il fonne.*)

SCENE IV.

Mad. DE LA BRUYERE, M. DE LA BRUYERE, Le GRAND.

M. DE LA BRUYERE.

N'y a-t-il pas quelqu'un là-dedans qui attend Madame de St. Léger ?

Le GRAND.

Oui, Monfieur.

M. DE LA BRUYERE.

Faites-le entrer.

Le GRAND.

Monfieur, donnez-vous la peine d'entrer.

SCENE V.

Mad. DE LA BRUYERE, M. DE LA BRUYERE, M. DUMONT.

M. DE LA BRUYERE.

C'est de vous, Monsieur, que Madame de St. Léger m'a parlé

M. DUMONT.

Oui, Monsieur.

Mad. DE LA BRUYERE, *à M. de la Bruyere.*

Il a l'air d'un honnête-homme.

M. DE LA BRUYERE.

Oui. Mais, Monsieur, qu'est-ce que vous voudriez avoir ?

M. DUMONT.

Est-ce que Madame la Comtesse de St. Léger, Monsieur, ne vous a pas donné mon mémoire ?

M. DE LA BRUYERE.

Non, vraiment, elle l'avoir oublié.

Mad. DE LA BRUYERE.

Si vous en avez un, Monsieur, donnez-le, ou dites vous-même votre affaire.

M. DUMONT.

Si Monsieur veut se donner la peine de lire, voilà la copie du mémoire que j'avois fait.

M. DE LA BRUYERE.

Voyons. (*Il lit.*) Quoi ! c'est vous qui travaillez dans les Domaines ?

M. DUMONT.

Oui, Monsieur.

M. DE LA BRUYERE.

On vous avoit desservi ?

M. DUMONT.

Monsieur....

Mad. DE LA BRUYERE.

Dites naturellement ; il est tout simple de se plaindre ; c'est une consolation qu'on ne doit pas se refuser.

M. DUMONT.

Si on le pouvoit, sans faire tort à ceux dont on a à se plaindre, je crois que cela pourroit être permis.

Mad. DE LA BRUYERE.

Voilà une façon de penser très-honnête.

M. DE LA BRUYERE.

Tenez, Monsieur Dumont, vous aviez

une ſi bonne réputation, que je vous ai fait chercher partout; je vous ai demandé à Monſieur de la Bonde, il m'a dit qu'il ne ſavoit ce que vous étiez devenu.

M. DUMONT.

Je le crois bien, Monſieur; c'eſt lui qui m'a perdu.

Mad. DE LA BRUYERE.

Et comment cela?

M. DUMONT.

J'avois eu le bonheur de plaire à M. de Rondiere, chez qui ſe tient le Bureau....

M. DE LA BRUYERE.

Il m'a beaucoup parlé de vous, Monſieur de Rondiere, c'étoit ce qui m'avoit donné envie de vous avoir.

Mad. DE LA BRUYERE.

Laiſſez-le donc achever, Monſieur.

M. DUMONT.

Eh bien! Monſieur de la Bonde a profité de trois jours, que je n'ai pas pu quitter ma mere, qui étoit à toute extrémité, pour me faire ôter mon emploi.

Mad. DE LA BRUYERE.

C'eſt affreux! & eſt-elle un peu à ſon aiſe, Madame votre mere?

M. DUMONT.

Ah! Madame! c'est là ce qui cause mon désespoir! avec mon emploi, je l'aidois à vivre, & je comptois, en augmentant d'appointemens, pouvoir mieux la soulager encore, & l'on m'a ôté toutes mes ressources!

Mad. DE LA BRUYERE, *à M. de la Bruyere.*

Monsieur, est-ce que cela ne vous touche pas? (*A M. Dumont.*) Et est-elle guérie, du moins?

M. DUMONT.

Non, Madame; de cette maladie, elle est devenue aveugle, & mon malheur l'a accablée de chagrin. Je vous demande bien pardon de vous exposer tout cela; mais je ne l'aurois jamais fait, si votre bonté ne m'avoit rassuré, sans m'humilier.

Mad. DE LA BRUYERE.

J'aime beaucoup votre façon de sentir, & de penser, Monsieur Dumont.

M. DE LA BRUYERE.

Et moi aussi, & je vais vous le prouver.

Mad. DE LA BRUYERE, *à M. de la Bruyere.*

Ah! Monsieur! que je vous en aurai d'obligation!

M. DE LA BRUYERE.

Vous êtes folle. Je ſuis trop heureux de pouvoir avoir Monſieur Dumont, s'il le veut bien.

M. DUMONT.

Monſieur, je ſuis pénétré de reconnoiſſance...

Mad. DE LA BRUYERE.

Vous lui donnez donc la place que vous avez ?

M. DE LA BRUYERE.

Non.

Mad. DE LA BRUYERE.

Ah ! pourquoi ?

M. DE LA BRUYERE.

Parce qu'elle n'eſt pas aſſez bonne ; mais comme mon Sécretaire eſt vieux, & qu'il a beſoin de ſe repoſer, voilà la place que je lui offre : il me faut quelqu'un de confiance, & je crois que je ne peux pas mieux choiſir.

Mad. DE LA BRUYERE.

Ah! Monſieur ! vous me faites un plaiſir !...

M. DE LA BRUYERE.

Et je penſe même, que pour qu'il puiſſe continuer de rendre à ſa mere tous ſes ſoins, ſans ſe détourner, nous pourrions lui donner ici un logement.

Mad. DE LA BRUYERE.

Affurément, j'allois vous le propofer, vous m'avez prévenue.

M. DE LA BRUYERE.

Je fuis charmé que nous ayons eu la même idée.

Mad. DE LA BRUYERE, *à M.*
Dumont qui s'appuye fur une chaife.

Monfieur Dumont, qu'avez-vous?

M. DUMONT.

Madame, je fuis fi faifi d'étonnement, d'admiration, que tout mon regret eft de ne pouvoir pas vous témoigner ma reconnaiffance, comme je le defire...

SCENE VI.

Mad DE LA BRUYERE, M. DE LA BRUYERE, La COMTESSE, M. DUMONT.

M. DUMONT, *allant à la Comteffe.*

Ah! Madame la Comteffe!...

La COMTESSE, *féchement à M. Dumont.*

Eh bien! pourquoi donc êtes-vous entré ici?

M. DUMONT.

Ah! Madame!...je ne puis pas parler....

La COMTESSE.

Mais, Monsieur, ce n'est pas ma faute si vous n'avez pas réussi, vous demandez une chose impossible ; Monsieur de la Bruyere doit vous l'avoir dit, je lui ai donné votre mémoire.

M. DUMONT, *étonné.*

Mais....

La COMTESSE.

Je vous dis que j'ai fait l'impossible : vous direz à mon oncle, que ce n'est pas ma faute.

M. DUMONT.

Je n'y comprends rien : quoi ! ce n'est pas à vous, Madame, que je dois le bonheur qui m'arrive ?

La COMTESSE.

Quel bonheur donc ? je crains que la tête ne lui ait tourné, il faut le renvoier. Allons, en voilà assez.

Mad. DE LA BRUYERE.

Non, Madame, la tête ne lui a pas tourné ; mais il faut vous avouer ce qui est arrivé.

La COMTESSE.

Quoi ! réellement lui auriez-vous donné l'emploi que je demandois pour lui? j'en serois charmée; c'eſt un très-honnête garcon à qui je m'intéreſſe vivement, & vous ne ſauriez me faire un plus grand plaiſir.

Mad. DE LA BRUYERE.

La maniere dont vous vous y intéreſſez, Madame, m'a fait faire quelques réflexions, & c'eſt moi qui ai engagé M. de la Bruyere à le voir.

La COMTESSE.

Madame, je vous en fais tous mes remercimens.

Mad. DE LA BRUYERE.

Madame, vous ne nous en devez aucun, & c'eſt ſon mérite qui a déterminé M. de la Bruyere en ſa faveur.

La COMTESSE, *à M. de la Bruyere.*

Si je n'avois pas ſçu ce qu'il valoit, je ne vous en aurois pas parlé non plus. Mon oncle viendra ſûrement vous remercier. A propos, M. de la Bruyere, j'ai à vous ſolliciter pour moi-même.

M. DE LA BRUYERE.

Si vous follicitez auffi bien que pour les autres, vous devez être fûr de réuffir.

La COMTESSE.

Vous plaifantez toujours : mais je vous en prie , écoutez moi. J'ai une échange à propofer au Roi, d'une partie de terre qui pourroit lui convenir en me cédant une autre portion de domaines, qui m'agrandiroit & rendroit ma terre bien plus agréable. Me ferez-vous ce plaifir-là ?

M. DE LA BRUYERE.

C'eft une chofe à examiner.

La COMTESSE.

Eh bien ! je vous apporterai tous mes papiers un de ces jours.

M. DE LA BRUYERE.

Ne vous donnez pas cette peine-là. Envoyez-les à Monfieur Dumont ; c'eft lui qui a cette partie-là actuellement, & fi ce que vous demandez eft jufte, je ne doute pas qu'il ne faffe valoir vos intérêts.

La COMTESSE.

Monfieur Dumont ? je ne le connois pas.

Mad.

Mad. DE LA BRUYERE.

Il eſt pourtant devant vous, Madame; mon mari le prend pour Secrétaire.

La COMTESSE, *ſurpriſe.*

Quoi, Monſieur? Ah! mais; j'en ſuis ravie! Monſieur Dumont, je vous recommande mon affaire, au moins; j'eſpere qu'à la conſidération de mon oncle, vous voudrez bien la rapporter favorablement.

M. DUMONT.

Madame, je ſerai trop heureux de pouvoir vous prouver combien je ſuis reconnoiſſant de toutes vos bontés.

La COMTESSE.

Ne parlons pas de cela. Madame, vous ne voulez donc pas de ma loge pour la Piece nouvelle?

Mad. DE LA BRUYERE.

Madame, ſans mes engagemens, j'en profiterois avec grand plaiſir

La COMTESSE.

Je m'enfuis, j'ai tout plein de viſites à faire, je ſuis charmée d'avoir eu l'honneur de vous trouver. Où allez-vous donc? je vous en prie.

Tome IV.   V

Mad. DE LA BRUYERE.

Puisque vous me le défendez abſolument...

La COMTESSE.

Vous vous moquez de moi. Allons, Monſieur de la Bruyere, n'allez-vous pas. encore vouloir me conduire auſſi ?

M. DE LA BRUYERE.

Mais....

La COMTESSE.

Non, je veux que vous reſtiez. Monſieur Dumont, je me recommande à vous. J'eſpere que vous viendrez nous voir ?

M. DUMONT.

Madame, j'aurai l'honneur de vous aller remercier.

SCENE VII.

Mad. DE LA BRUYERE, M. DE
LA BRUYERE, M. DUMONT.

M. DE LA BRUYERE.

Vous étiez là en bonnes mains , Monſieur
Dumont.

M. DUMONT.

Quoi, Monſieur, eſt-ce que Madame la
Comteſſe ne vous avoit pas parlé en ma
faveur?

Mad. DE LA BRUYERE.

Ah ! d'une jolie maniere. Elle vous avoit
bien recommandé.

M. DUMONT.

Je ſens bien plus les obligations....

M. DE LA BRUYREE.

Vous n'en avez qu'à votre mérite. Ne
parlons plus de cela. Demain matin, je vous
verrai?

M. DUMONT.

Oui, Monſieur, j'aurai cette honneur-là.
Mais j'ai un ſcrupule, je crains d'ôter une
place à quelqu'un qui vaut, ſûrement, mieux
que moi.

V ij

M. DE LA BRUYERE.

Tranquillisez-vous, ce quelqu'un ne sera pas à plaindre, il vous connoît de réputation, & il sera, sûrement, votre ami.

Mad. DE LA BRUYERE.

Nous vous montrerons aussi demain l'établissement de Madame votre mere.

M. DUMONT.

Je ne sais si je veille, tant je suis étonné de tout ce qui m'arrive ; mais je suis bien sûr du plaisir que je vais faire à ma mere, & de tous les efforts que je ferai pour mériter toute ma vie autant de bontés. *(Il se retire.)*

SCENE VIII.

Mad. DE LA BRUYERE, M. DE LA BRUYERE.

Mad. DE LA BRUYERE.

JE me fuis un peu réjouie de l'embarras de la Comteffe.

M. DE LA BRUYERE.

Je n'ai pas pû m'empêcher de la renvoyer, pour fon affaire, à Monfieur Dumont.

Mad. DE LA BRUYERE.

Oui, dont elle ne favoit feulement pas le nom.

M. DE LA BRUYERE.

Cela m'a diverti, je l'avoue.

Mad. DE LA BRUYERE.

Ce qu'il y a de fûr, c'eft que voilà une bien bonne journée pour moi.

M. DE LA BRUYERE.

Je vous réponds que c'eft un très-bon fujet, que cet homme-là.

Mad. DE LA BRUYERE.

Je l'aurois juré en le voyant.

M. DE LA BRUYERE.

Où foupez-vous ce foir ?

Mad. DE LA BRUYERE.

Chez ma mere. Y viendrez-vous ?

M. DE LA BRUYERE.

Un peu tard , & je vous renmenerai.

Mad. DE LA BRUYERE.

En ce cas-là , je renverrai mes Chevaux. A ce foir. Je vais m'habiller. Adieu,
Monfieur.

M. DE La BRUYERE , *en s'en allant.*

Vous êtes bien contente.

Mad. DE LA BRUYERE.

Oh ! pour cela , oui.

Fin du cinquante-huitième Proverbe.

LE FAUX.

EMPOISONNEMENT,

CINQUANTE-NEUVIEME PROVERBE.

PERSONNAGES.

LA MARQUISE DE ROUVIERE, *bien mise.*

LE COMTE DE BELVILLE, *bien mis.*

JULIE, *Femme-de-Chambre de la Marquise. En Femme-de-Chambre.*

LA FLEUR, *Laquais du Chevalier. En veste jaune, galonnée d'or, couteau-de-chasse, chapeau, fouet & bottes fortes.*

M. MARCELLIN, *Médecin. Habit noir, grande perruque.*

LA FRANCE, *Laquais de la Comtesse. En livrée.*

UN OFFICIER *d'Office. Habit gris, complet, petit galon d'argent.*

La Scène est chez la Marquise, dans le Sallon.

LE FAUX

EMPOISONNEMENT,

PROVERBE.

SCENE PREMIERE.

La MARQUISE, JULIE.

JULIE.

En vérité, Madame, je ne vous reconnois plus ! Vous qui n'avez jamais eu la moindre humeur, qui ne voyez rien que sous une forme plaisante, vous soupirez, vous êtes languissante, abbattue, je n'y conprends rien. Vous étez veuve & jeune, vous aimez le Comte de Belville, vous êtes sûre qu'il vous adore....

La MARQUISE, *se laissant tomber
dans un fauteuil.*

Ah ! Julie, que dis-tu ?

JULIE.

Quoi ! pourriez-vous douter de son amour ?

La MARQUISE.

J'ai de cruels soupçons !

JULIE.

Lui , dont vous faites la fortune, sur le point de l'épouser, de quoi pourriez-vous le soupçonner ? C'est lui faire injure ; peut-on outrager ainsi quelqu'un que l'on aime ? Non, Madame, je ne saurois le croire ingrat.

La MARQUISE.

Si je pouvois justifier sa conduite avec moi, ne l'aurois-je pas déja fait ; mais sa froideur, son peu d'empressement, tout m'a fait craindre le malheur qui m'arrive ; non, le Comte ne m'aime plus.

JULIE.

Mais , Madame, je ne vois pas où est la froideur dont vous l'accusez.

La MARQUISE.

Tu n'as pas remarqué qu'il est moins occupé

de moi, qu'il eſt rêveur, diſtrait, contraint ;
eſt-ce là de l'amour ?

J U L I E.

Il eſt ſûr de votre cœur ; les hommes, quelquefois, veulent être tourmenteés, & ſi vous
vouliez lui donner un peu de jalouſie….

La M A R Q U I S E.

Quelle miſere ! j'irois employer de pareils
moyens pour le ramener ; j'irois flatter l'a-
mour-propre d'un homme que je n'aimerois
pas, pour tourmenter celui que j'aime.

J U L I E.

C'eſt prendre ſa revanche, il vous tourmente bien : mais faites une choſe plutôt, ſi
vous croyez avoir à vous plaindre de lui,
pourquoi ne pas lui parler à cœur ouvert ?
Vous vous éviteriez, peut-être, bien des peines.
Quand on s'aime véritablement, peut-on man-
quer de confiance l'un pour l'autre ?

La M A R Q U I S E.

Et s'il a le projet de me trahir, s'il en épouſe
une autre, à quoi me ſerviront les reproches ?

J U L I E.

Vous pourriez croire qu'il vous aban-
donneroit ?

La MARQUISE.

Je le crains, te dis-je. Il voit souvent Madame de Méranci, elle est veuve comme moi, beaucoup plus riche, alliée à des gens puissans, tout me fait craindre...

JULIE.

Ah! Madame! seroit-il possible?...

La MARQUISE.

Quoi?

JULIE.

Elle se marie, j'en suis sûre; mais le nom de celui qu'elle épouse est un secret.

La MARQUISE.

C'est lui, je n'en doute plus! Ah, Julie!

JULIE.

Madame, je le saurai, si vous le voulez.

La MARQUISE.

Il a plus d'ambition que d'amour!

JULIE.

Madame, consentez....

La MARQUISE.

Madame de Brécy, doit m'instruire de tout; je veux, lorsqu'il viendra, l'observer encore mieux, le pousser à bout, & s'il me vient des éclaircissemens qui ne me laiffent plus douter de fon projet, je lui dirai tout ce que je faurai, je veux le confondre & le détefter après.

JULIE.

Ce fera très-bien fait, Madame, au lieu de vous laiffer dépérir : il faut prendre un parti qui vous fauve du défefpoir.

La MARQUISE.

Et en le détestant, en ferai-je moins malheureufe ?

JULIE.

J'entends quelqu'un, c'eft peut-être lui.

SCENE II.

La MARQUISE, Le COMTE, JULIE, La FRANCE.

La FRANCE.

Monsieur le Comte de Belleville.

La MARQUISE.

Julie, reftez ici, & obfervez-le.

JULIE.

Oui, Madame.

La MARQUISE.

Ah ! Comte ; c'eſt vous ?

Le COMTE.

Madame, je me reprochois d'avoir paſſé hier la journée ſans vous voir, j'ai été à la Campagne , & j'ai voulu m'en dédommager aujourd'hui en venant de bonne-heure.

JULIE, *bas à la Marquiſe.*

Vous devez être contente.

La MARQUISE.

Vous avez été à la Campagne ? Vous ne m'en avez rien dit.

Le COMTE.

Je l'avois oublié. Je craignois de ne vous pas trouver aujourd'hui. (*Il s'aſſied.*)

La MARQUISE.

Pourquoi cela ? Vous deviez être bien ſûr de l'impatience que j'aurois de vous voir ; quand on aime véritablement, qui peut nous intéreſſer aſſez vivement, pour le préférer à l'objet de notre amour ?

Le COMTE.

Ceci n'eſt pas un reproche, j'eſpere ?

La MARQUISE.

Non, pourquoi vous en ferois-je? vous n'en méritez sûrement pas.

Le COMTE, *troublé.*

Non, Madame. Et je crois que vous me rendez trop de justice pour penser autrement de moi.

La MARQUISE.

S'il m'arrivoit jamais de pouvoir vous soupçonner d'infidélité, je me le reprocherois comme un crime.

Le COMTE, *avec embarras.*

Oui.... vous avez raison.... Ç'en seroit un à vous. (*Il se léve.*)

La MARQUISE.

Où allez-vous donc?

Le COMTE.

Je reviendrai; c'est que....

La MARQUISE.

Comte?

Le COMTE.

Madame?

La MARQUISE.

Je connois votre impatience....

Le COMTE.

Mon impatience ?

La MARQUISE.

Oui, la contrariété vous est insupportable, je le sais.

Le COMTE, *intrigué*.

Je ne vois pas à propos de quoi vous me dites cela.

La MARQUISE.

Cependant je n'ai point à me plaindre de vous, vous avez eu l'attention de me cacher combien elle vous faisoit souffrir.

Le COMTE.

Mais.... sûrement.

SCENE III.

La MARQUISE, Le COMTE, JULIE, La FRANCE.

La FRANCE.

On demande Mademoiselle Julie.

JULIE.

Madame, n'a pas besoin de moi ?

La

La MARQUISE.

Non ; voyez ce que c'est.

SCENE IV.

La MARQUISE, Le COMTE.

La MARQUISE.

Asseyez-vous donc.

Le COMTE.

Comme vous voudrez.

La MARQUISE.

Les retardemens qui se sont opposés à notre mariage ne m'ont point inquiétée ; parce qu'il ne me rendra pas plus sûr de votre cœur que je le suis.

Le COMTE.

Il est vrai que si j'ai cessé de me plaindre ; c'est que j'ai craint de vous déplaire par cette même impatience , voilà ce qui m'a fait garder le silence jusqu'à présent.

La MARQUISE.

Je m'en étois doutée & , sans vous le dire, j'ai fait tout ce qu'il m'a été possible pour hâter le moment que nous desirons : les formalités néceffaires feront terminées dans peu de jours.

Le C O M T E, *cachant fa furprife.*
Dans peu de jours?

La M A R Q U I S E.
Oui, Comte, on vient de me l'annoncer.

Le C O M T E, *avec contrainte.*
Vous me raviffez, je craignois les obfta-cles que le temps améne quelquefois.

La M A R Q U I S E.
Il n'y en aura plus, Comte, & nous ferons enfin heureux.

Le C O M T E.
Oui, très-heureux. Cependant, je crains pour votre fanté. Il me femble que depuis quelque temps vous n'êtes pas bien.

La M A R Q U I S E.
C'eft peu de chofe, & le plaifir de me voir entierement à vous, me remettra bientôt.

Le C O M T E, *fe levant.*
Je crois que vous ne doutez pas combien je defire que rien ne retarde mon bonheur?

La M A R Q U I S E.
J'en fuis perfuadée. Vous avez quelque chofe à faire, Comte?

Le COMTE.

Oui, cela ne fera pas long.

La MARQUISE.

Revenez tout de fuite.

Le COMTE.

Oui, Madame.

La MARQUISE.

Vous me le promettez ?

Le COMTE.

Sûrement ; que voulez-vous que je faſſe
quand je ne vous vois pas ? (*Il fort.*)

La MARQUISE.

Mon fort eſt donc décidé ! avec quelle froideur il a reçu ce que je lui ai dit ! Ah !

SCENE V.

La MARQUISE, JULIE.

La MARQUISE.

Eh bien ! Julie, ce que je craignois, n'eſt
que trop vrai !

JULIE.

Ah ! Madame ! je ne faurois vous raſſurer ;

voici une lettre de Madame de Brécy, qu'elle m'a fait donner pour vous remettre lorſque vous feriez feule ; je crains bien.... (*La Marquiſe prend la lettre.*)

La MARQUISE, *après avoir lû.*

Il n'y a donc plus à en douter, l'ingrat épouſe Madame de Méranci ! Je me meurs !

JULIE.

Ah ! Madame ! pourquoi vous ai-je donné cette lettre ?

La MARQUISE.

Le perfide ! (*Elle ſe leve.*) Non, je ne l'aime plus, je rougis même de l'avoir autant aimé.

JULIE.

C'eſt bien fait, Madame, oubliez-le, & pour toujours.

La MARQUISE.

Pour toujours ! que je l'oublie, moi, Julie !

JULIE.

Eſpérez tout du temps.

La MARQUISE.

Ah ! j'en mourrai. Il jouira du fruit de

ſon crime, & il ſera, ſans-doute, charmé de
ſe voir à l'abri de mes reproches.

JULIE.

Mais, Madame, ſi vous eſſayez de le retirer
de cet égarement.

La MARQUISE.

Que ne lui ai-je pas ſacrifié! mais c'étoit
moi que je ſatisfaiſois; quand je le préférois
à tout au monde, il avoit ceſſé de m'aimer,
il me trompoit; mais, non, je me trompois
moi-même, je croyois lire au fond de ſon
cœur ce que ſes yeux ne me diſoient plus.

JULIE.

Eh bien! Madame, ne le revoyez point.

La MARQUISE.

Ne crains pas que je lui montre ma douleur,
ſon parti eſt pris, ce ſeroit, peut-être, pour
lui un triomphe. Vengeons-nous, plutôt; le
mépris ſeul ſuffiroit; mais je ne ſaurois trop
lui rendre les inquiétudes qu'il m'a données.

JULIE.

Comment?

La MARQUISE.

Tu vas approuver mon projet.

JULIE.

Si vous le banniſſez de votre cœur , Madame, c’eſt tout ce que vous pouvez faire de mieux.

La MARQUISE.

Oui , je l’en bannirai , je te le promets ; mais je veux lui faire éprouver un tourment ſingulier. Il va revenir , fais préparer quelques taſſes de glaces ; je lui en ferai prendre , & je veux qu’il ſe croie empoiſonné : pour lors je l’abandonnerai à toutes les horreurs que lui cauſera cette crainte.

JULIE.

Cette vengeance eſt encore trop douce.

La MARQUISE.

On vient , c’eſt lui , peut-être , va-t-en. Faiſons tous nos efforts pour nous contraindre juſqu’au moment d’éclater.

SCENE VI.

La MARQUISE, Le COMTE.

La MARQUISE.

Vous êtes de parole, Comte.

Le COMTE.

Il n'y a pas de mérite. Vous aviez quelque chose à me dire, à ce qu'il m'a semblé tantôt.

La MARQUISE.

Oui ; d'ailleurs j'étois bien-aise de vous revoir. Je voulois vous demander si vous iriez encore bientôt à la campagne ?

Le COMTE, *étonné & embarrassé.*

Oui, Madame, j'irai chez mon frere.

La MARQUISE.

Chez votre frere ?

Le COMTE.

Oui, il m'a mandé qu'il avoit absolument besoin de moi, & je compte y aller passer quelques jours.

La MARQUISE.

Chez lui ?

Le COMTE.

Oui , à Dorci.

X iv

SCENE VII.

La MARQUISE, Le COMTE, JULIE,
Un OFFICIER, *portant des glaces.*

JULIE.

Madame, veut-elle les glaces qu'elle a
demandées.

La MARQUISE.

Oui, le Comte en prendra. Tenez, mettez-
les là & laissez-nous. (*On met les glaces sur une
table proche de la Marquise.*)

SCENE VIII.

La MARQUISE, Le COMTE.

La MARQUISE, *prenant des glaces.*

Eh bien ! Comte, pourquoi donc ne prenez-
vous pas des glaces ?

Le COMTE.

Je ne m'en soucie pas.

La M A R Q U I S E.

Allons, je veux que vous preniez cette tasse.
(*Elle lui donne une tasse de glaces.*)

Le C O M T E.

Tout comme il vous plaira. (*Il prend la
tasse de glaces.*)

La M A R Q U I S E.

Comptez-vous souper avec moi, ce soir?

Le C O M T E.

Ce soir?

La M A R Q U I S E.

Oui, ce soir. Qu'est-ce que cette question a
d'extraordinaire?

Le C O M T E.

Rien. Oui, Madame, j'y souperai.

La M A R Q U I S E.

Vous y souperez? je vous réponds bien que
non.

Le C O M T E, *à part.*

O Ciel! auroit-elle deviné?... Madame,
il est vrai que j'ai voulu vous cacher que
je partois ce soir; de crainte de vous affliger.

La M A R Q U I S E.

De crainte de m'affliger?

Le COMTE.

Oui, Madame, j'ai craint la douleur que
peut caufer une féparation , quoique de
peu de jours , quand on aime auffi vivement que . . . .

La MARQUISE.

Quoi , vous pouvez feindre · à ce point-
là ! pourquoi affecter une tendreffe que vous
ne fentez plus ?

Le COMTE.

Moi , Madame ? Je veux mourir. . . .

La MARQUISE.

Vous n'allez pas chez le Baron · de Gran-
villiers ? Vous vous troublez. Ce n'eft pas
tout , il doit vous préfenter à la Marquife
de Méranci , que vous allez époufer.

Le COMTE.

Ah ! Madame ! vous pouvez me foupçonner d'une pareille perfidie ?

La MARQUISE.

Vous avez l'audace de nier ?

Le COMTE, *voulant fuir.*

Permettez. . . .

La MARQUISE.

Non , arrêtez & écoutez-moi , je le veux.

Le COMTE.

Eh bien ! accablez-moi, Madame, je le mérite ; mais si vous saviez....

La MARQUISE.

Taisez-vous. Rien ne peut vous justifier, non : depuis long-temps je ne vois en vous que de la froideur ; on ne trompe point un cœur sensible & délicat, sans qu'il s'en apperçoive ; je n'ai pas voulu me plaindre, je me suis même flattée d'un retour que vous deviez à l'amour le plus tendre ; c'étoit vainement, je ne vous en ferai point de reproches, vous ne méritez pas que je m'abaisse jusqu'à ce point-là , je reconnois que vous êtes indigne de ma tendresse, & je ne vous aime plus.

Le COMTE.

Vous ne m'aimez plus !

La MARQUISE.

Non ; mais je dois une vengeance à l'Amour outragé, elle est remplie : je viens de vous empoisonner, ainsi que moi, en prenant des glaces.

Le COMTE.

Que dites-vous ? quoi !...

La MARQUISE.

Mais, vous me furvivrez, je n'ai rien épar-
gné pour hâter l'inftant de ma mort. Adieu.

SCENE IX.

Le COMTE, *fèul, avec la plus grande
agitation.*

QUELLE funefte vengeance ! quoi , nous
périrons tous les deux ! ô Ciel ! qui nous fecou-
rera ? oh là , quelqu'un ? malheureux que je
fuis ! la Fleur ? la Fleur ?

SCENE X.

Le COMTE, LA FLEUR *en bottes fortes.*

LA FLEUR.

MONSIEUR , tout eft prêt , & vous pourrez
partir quand il vous plaira ; je n'ai pas perdu
de temps , comme vous voyez.

Le COMTE.

Ah ! la Fleur, du fecours ; c'eft fait de moi ,
du fecours ; un Médecin.

La FLEUR.

Qu'avez-vous donc ?

Le COMTE.

Eh ! ne perds pas un inſtant ; un Médecin,
va, cours promptement.

La FLEUR.

Monſieur Marcelin, le Médecin de la maiſon, eſt ici.

Le COMTE.

Va donc le chercher, ou crains....

La FLEUR.

Mais ſi vous vouliez me dire....

Le COMTE.

Eh ! va donc, le mal commence, je ſens que
je m'affoiblis.

La FLEUR, *en s'en allant.*

Je crois qu'il eſt devenu fou.

SCENE XI.

Le COMTE, *se traînant à un fauteuil où il s'assied.*

JE crois déja voir la mort s'emparer de moi, oui, je sens agir le poison. Ah ! malheureuse femme ! elle périt aussi, & c'est son amour pour moi qui est cause... ma tête s'embarrasse, il me semble que ma vue se trouble, je vois moins clair assûrément. Je n'entends rien qu'un bourdonnement. O Dieux, quel sort j'éprouve !

SCENE XII.

Le COMTE, M. MARCELIN, La FLEUR.

M. MARCELIN, *à la Fleur.*

MAIS encore, quel mal a-t-il, votre Maître ?

La FLEUR.

Monsieur, je n'en sais rien, je crois qu'il est enragé.

M. MARCELIN, *voulant fuir.*

Enragé ?

Le COMTE, *à M. Marcelin que la Fleur*
retient.

Monſieur Marcelin, j'attends de vous la vie.

M. MARCELIN.

Ah ! Monſieur le Comte, je vous en prie,
ne m'approchez pas.

Le COMTE.

Par pitié, Monſieur Marcelin, écoutez-
moi ; je ſuis empoiſonné.

M. MARCELIN.

Empoiſonné ?

Le COMTE.

Oui, Monſieur.

M. MARCELIN.

Sûrement ?

Le COMTE.

Hélas ! il n'eſt que trop vrai.

M. MARCELIN.

A la bonne-heure, tant-mieux, tant-
mieux ; calmez-vous.

Le COMTE.

Mais, Monſieur, je vais, peut-être, tomber
mort à vos pieds.

M. MARCELIN.

Doucement , doucement ; asseyez-vous. Donnez-moi votre main.

Le COMTE.

Eh ! Monsieur , aurai-je le temps de.....

M. MARCELIN.

Oui, oui, ne vous mettez pas en peine. Mais, vraiment , votre pouls est fort agité. Répondez-moi.

Le COMTE.

Oui , Monsieur.

M. MARCELIN.

Je ne puis vous faire de remede sans savoir quelle est la cause du mal.

Le COMTE.

Je vous ai déja dit que c'étoit le poison.

M. MARCELIN.

Oui , oui, c'est le poison ; fort bien , le pouls l'indique aussi , je vous comprends.

Le COMTE.

Ordonnez donc sans tarder ce qu'il faut faire. La Fleur , va , cours.

M. MARCELIN.

Arrêtez , mon enfant, examinons sensément avant de rien ordonner. Que sentez-vous ?

Le

Le COMTE.

Ce que je fens ?

M. MARCELIN.

Oui, avez-vous des cordialgis ?

Le COMTE.

Des cordialgis ? Eh ! Monfieur !....

M. MARCELIN.

Je vois que vous ne m'entendez pas. Avez-
vous des naufées, des maux de cœur ?

Le COMTE.

J'ai tous les maux enfemble, & je vous
prie, hâtez-vous d'empêcher les progrès du
poifon.

M. MARCELIN.

Sentez-vous des douleurs dans la région
hipégraftique ? l'hypograftique, ou aux deux
hypocondres ?

Le COMTE.

J'ignore.....

M. MARCELIN.

Je vais m'expliquer, un moment, c'eft-à-
dire, dans l'eftomach, ou dans le ventre ?

Tome IV.   Y

Le COMTE.

Affûrément.

M. MARCELIN.

Dans les lombes, ou dans les reins ?

Le COMTE.

Oui, oui.

M. MARCELIN.

Mais enfemble dans les différentes régions, rien n'indique la nature du poifon.

Le COMTE.

Eh ! qu'importe ?

M. MARCELIN.

Comment, qu'importe ? un remede pour un autre peut hâter votre mort ; il faut le connoître néceffairement pour vous donner un contre-poifon fûr.

Le COMTE.

Je le crois ; mais le temps fe perd.

M. MARCELIN.

Point d'impatience. De quelle maniere avez-vous pris ce poifon ?

Le COMTE.

Dans une taffe de glaces ; la voilà.

M. MARCELIN, *mettant ſes lunettes &*
regardant les taſſes.

La voilà ?

Le COMTE.

Regardez-là. Je mourrai ſûrement d'impatience, ſi je ne me meurs pas de l'effet du
poiſon.

M. MARCELIN.

Je ne vois rien là de déciſif, il faut que
ce ſoit..... Attendez, comment eſt-ce que
cela s'appelle en grec ?..... je ne ſaurois trop
vous dire..... cela ne me revient pas.

Le COMTE.

Éh, Monſieur ! appellez quelqu'un à votre
ſecours, ſi vous ne pouvez rien faire tout
ſeul.

M. MARCELIN.

Quoi, Monſieur, vous m'inſultez ?

Le COMTE.

Eh non ! Monſieur, mais de grace.....

M. MARCELIN.

Vous ne ſavez pas à qui vous avez affaire.

Le COMTE.

Je vous demande pardon.

M. MARCELIN.

Allons, je n'y prendrai pas garde, parce que le cas est pressé. Cependant il faudroit savoir......

Le COMTE.

Eh, Monsieur ! la Marquise est dans le même cas que moi, voulez-vous aussi la laisser périr ?

M. MARCELIN.

Madame la Marquise ? '

Le COMTE.

Oui, sans doute, & elle doit savoir quel est le poison que nous avons pris tous les deux.

M. MARCELIN.

Une femme que j'aime, que je respecte, il faut la secourir promptement.

Le COMTE.

Oui, sans doute, Monsieur, je vous en conjure.... La Fleur, appelle Julie, cherche-la ; je crains qu'il ne soit trop tard. Dieux ! & c'est moi qui la tue ! (*La Fleur sort.*)

SCENE XIII.

Le COMTE, M. MARCELIN.

M. MARCELIN.

Il y a quarante ans que je suis le Médecin de toute sa famille ; c'est son Bisayeul à qui feu mon pere a dû l'honneur d'être Capitoul. & je la laisserois périr ! périsse plûtôt toute la pharmacie & la faculté de Médecine.

Le COMTE.

Ne perdons pas un instant : Monsieur Marcelin, oubliez-moi, pour ne songer qu'à elle ; trop heureux de mourir, si ses jours sont conservés, & si elle peut voir mon repentir.

SCENE XIV.

**Le COMTE, M. MARCELIN, JULIE,
La FLEUR.**

La FLEUR *revient en criant.*

Julie? Julie? Je ne trouve perſonne dans toute la maiſon.

JULIE.

Eh bien ! me voilà, me voilà, qu'as-tu donc tant à crier ?

Le COMTE.

Ah, Julie ! que nous voyions ta maîtreſſe·

JULIE.

Cela ne ſe peut pas, Monſieur.

M. MARCELIN.

Comment, pourquoi ?

JULIE.

Elle eſt renfermée , & elle m'a défendu abſolument de laiſſer entrer perſonne chez elle.

Le COMTE.

Que dis-tu ? Peut-être qu'elle expire, & je vis encore !

M. MARCELIN.

Mais il eſt néceſſaire que nous la voyions,
il y va de ſa vie, elle eſt empoiſonnée !

JULIE.

Ma maîtreſſe empoiſonnée !

M. MARCELIN.

Faites-moi ouvrir promptement.

SCENE XV.

La MARQUISE, Le COMTE, M. MAR-
CELIN, JULIE, La FLEUR.

JULIE.

Tenez, Meſſieurs, la voilà.

M. MARCELIN.

Ah ! Madame ! je viens à votre ſecours ;
vous êtes empoiſonnée, ainſi que Monſieur
le Comte, il prétend que vous ſavez quelle
eſt la nature du poiſon que l'on a employé,
hâtez-vous de me le nommer, les plus
prompts & les plus ſûrs remedes vous tire-
ront d'affaire.

Y iv

La MARQUISE.

Il n'en eſt pas beſoin, Monſieur.

Le COMTE.

Quoi, Madame, vous voulez mourir abſolument ? Ah ! laiſſez-moi expier mon crime
& vivez ; mais que je n'emporte pas dans le
tombeau la douleur d'avoir cauſé votre
perte.

M. MARCELIN.

Vous ne mourrez ni l'un ni l'autre, fiez-
vous à moi ; Madame, ne différez plus.....

La MARQUISE.

Monſieur Marcelin, je vous remercie de
votre empreſſement & de vos ſoins , ils
ſont inutiles ; nous ne ſommes point empoi-
ſonnés ; non, Monſieur, ne craignez plus
rien , j'ai voulu vous en faire la peur ; voilà
toute la vengeance que je veux tirer de votre
perfidie.

Le COMTE, *avec joie.*

Je n'ai plus rien à craindre pour vous, je
reſpire !

M. MARCELIN.

Actuellement, Monsieur & Madame, je vois que je ne vous suis bon à rien, & je vous donne le bon soir. (*Il sort, ainsi que Julie & la Fleur.*)

SCENE DERNIERE.

La MARQUISE, Le COMTE.

Le COMTE, *à la Marquise qui veut sortir aussi.*

Ah ! Madame ! arrêtez, je vous en supplie. Quoi, vous pourriez m'abandonner ? seroit-il possible que mon repentir ne pût parvenir à vous toucher ? Ah ! croyez qu'il n'est rien.....

La MARQUISE.

Non, Monsieur, vous m'êtes devenu en-tiérement indifférent ; je ne vous veux aucun mal, au contraire, je souhaite même que les nœuds que vous allez former, puissent faire votre bonheur.

Le COMTE.

Mon bonheur ! Ah ! Madame ! il n'en est

plus pour moi, fi vous ne me donnez l'efpoir de pouvoir vous mériter un jour ; oui, je vais percer ce cœur que vous croyez qui a pû vouloir vous offenfer ; c'eft une erreur où il n'a point de part ; rien au monde ne peut lui tenir lieu de vous ; fans vous, la vie ne peut que m'être odieufe ; mes torts n'ont fervi qu'à me faire connoître que je perds tout en vous perdant.

La MARQUISE.

C'eft vainement que vous tenteriez de vouloir me perfuader ; votre cœur vous avoit trompé, vous aviez crû pouvoir m'aimer toujours, vous pouvez le croire encore dans ce moment ; mais mon malheur ne feroit que retardé, fi je me rendois à vos inftances, fi je pouvois vous rendre mon cœur.

Le COMTE, *aux pieds de la Marquife.*

Quoi ! vous avez pû réellement ceffer de m'aimer ? Ah ! Madame ! je ne le faurois croire, je connois trop la délicateffe de votre ame, & cette derniere action m'a bien prouvé que vous ne vouliez point ma perte. Regardez-moi, Madame, regardez-moi, je vous en fupplie ; fi vos yeux font d'accord avec votre bouche, cet inftant fera le dernier de ma vie.

La MARQUISE, *lui tendant la main.*

Ah, Comte ! mériterez-vous le pardon que vous m'arrachez ?

Le COMTE, *lui baisant la main.*

Ma reconnoissance égalera toujours mon amour.

Fin du quatrieme Volume.

EXPLICATION

DES PROVERBES

Contenus dans ce quatrieme Volume.

FIN.